CIO & CTO

Estratégia e Arquitetura Corporativa

Organização e curadoria

Antonio Muniz
Eduardo Gorges
Taiolor Morais
Dalton Rocha
João Freitas
Fábio Margarito

CIO & CTO

Estratégia e Arquitetura Corporativa

Abordagem executiva para adoção de tecnologia que viabiliza negócios

BRASPORT

Rio de Janeiro

2024

CIO & CTO Estratégia e Arquitetura

Editor: Antonio Muniz
Produção Editorial: Marina dos Anjos Martins de Oliveira
Editoração Eletrônica: Rinaldo Mickus e Gleyce Roberta
Capa: Rinaldo Mickus

Dados Internacionais de Catalogação na Publicação (CIP)
(Câmara Brasileira do Livro, SP, Brasil)

CIO & CTO estratégia e arquitetura corporativa :como executivos de TI apoiam o planejamento estratégico e desenvolvem a arquitetura corporativa para extrair o máximo da tecnologia / organização e curadoria Antonio Muniz, EduardoGorges, Taiolor Morais. -- Rio de Janeiro : Brasport Livros e Multimídia, 2024.

Vários autores
Bibliografia
ISBN 978-65-6096-030-5

1. Governança corporativa 2. Planejamento estratégico 3. Segurança da informação 4. Sucesso nos negócios 5. Tecnologia da informação I. Muniz, Antonio. II. Gorges, Eduardo. III. Morais, Taiolor.

24-225124 CDD-658.4038

Índices para catálogo sistemático:

1. Tecnologia da informação : Administração 658.4038

Eliane de Freitas Leite - Bibliotecária - CRB 8/8415

BRASPORT Livros e Multimídia Ltda.
Rua Washington Luís, 9, sobreloja – Centro
20230-900 Rio de Janeiro-RJ
Tel./Fax: (21)2568.1415
e-mails: marketing@brasport.com.br
vendas@brasport.com.br
editorial@brasport.com.br
www.brasport.com.br

FSC
www.fsc.org
MISTO
Papel | Apoiando o manejo florestal responsável
FSC® C111076

Agradecimento aos patrocinadores do livro

Advisor 10X

Somos referência em práticas ágeis, *DevOps*, SRE e qualidade de software com serviços de consultoria, mentoria, palestras, cursos *on-line* e alocação de profissionais especializados Advisor Prime.

Nossos clientes também multiplicam resultados com o método exclusivo Advisor Fast, que valoriza o repertório das suas equipes e respeita o contexto de cada empresa.

<https://advisor10x.com.br/>

<contato@advisor10x.com.br>

Dynatrace

A *Dynatrace* combina observabilidade *full-stack* e segurança de apps em tempo de execução contínua com AIOps avançada, para entregar respostas e automação inteligente a partir de dados.

<https://www.dynatrace.com/>

Businessmap

A *Businessmap* é a plataforma de *software* mais flexível para agilidade em escala com foco em resultados.

Nossa solução consolida várias ferramentas em uma, possibilitando uma implementação orgânica em grande escala, visibilidade de todos os projetos/portfólios e alinhamento a objetivos, para entregar trabalho de qualidade mais rapidamente.

Aliado às nossas trilhas de capacitação e consultoria, entregamos uma solução personalizada com ROI excepcional.

<https://businessmap.io>

Sobre a Jornada Colaborativa

Juntos somos mais inteligentes e transformamos mais vidas!

Era uma vez um professor universitário que sonhava lançar um livro quando finalizou o mestrado em 2006.

Depois de algumas ideias para publicação em temas como certificação Microsoft, gestão de projetos e gestão de serviços, o sonho começou a ser concretizado em 2017 com o livro *Jornada DevOps*, mas alguns obstáculos travaram sua evolução após a definição da estrutura final para a certificação oficial EXIN e a escrita de três capítulos.

Em setembro de 2018, durante sua palestra na PUC Minas, surgiu um click: "será que outras pessoas apaixonadas por *DevOps* ajudariam com a escrita colaborativa?". Dezenas de pessoas aceitaram o convite e o livro foi lançado para 350 pessoas no dia 06 de junho de 2019 no Centro de Convenções SulAmérica no Rio de Janeiro, após um intenso trabalho coordenado com pessoas de várias cidades que nunca haviam trabalhado juntas antes.

Após essa experiência bem-sucedida com muitos aprendizados, a escalada dos times gerou grandes amizades e novas iniciativas. Conseguimos doar R$ 553 mil para instituições carentes com o lançamento dos primeiros 35 livros em 27 eventos Jornada *Summit* com mais de 20 mil participantes.

Sonhamos transformar mais vidas somando a inteligência coletiva e o apoio de empresas amigas...

<https://www.jornadacolaborativa.com.br/>
<https://www.linkedin.com/company/jornadacolaborativa>

Prefácio

Se por um lado a jornada da tecnologia é repleta de desafios, por outro, acredito firmemente que ela oferece a nós, profissionais da área, inúmeras oportunidades de aprendizado, resiliência, compreensão das organizações e da sociedade, e, sobretudo, capacidade de transformação. Nossa sociedade tem sido moldada por avanços contínuos que redefinem os limites do que é possível. Como diretora de tecnologia e CIO de grandes organizações, tenho vivenciado de perto essa transformação. Mas o caminho do número 1 de tecnologia nas organizações é muitas vezes solitário. Precisamos inovar, mas reduzir custos; precisamos ser ágeis, mas não tão ágeis a ponto de interromper nossos negócios. Frequentemente desejamos um guia, um meio de compreender, estabelecer um diálogo com colegas e trocar experiências. Gostaríamos de ter algo que nos orientasse nesse cenário em constante evolução e que nos desafia cada vez mais rapidamente.

Encontrei a resposta neste livro. Ele não é apenas uma coleção de teorias e práticas, mas uma verdadeira bússola para os líderes de TI que buscam prosperar em um mundo onde a tecnologia está intimamente ligada ao sucesso das organizações. As páginas a seguir foram cuidadosamente elaboradas por especialistas que vivem e respiram tecnologia, estratégia e inovação. Cada capítulo oferece dicas valiosas, combinando aspectos práticos e inspiradores e fornecendo um fundamento robusto para construir uma carreira de sucesso no segmento.

A tecnologia nunca foi tão essencial para os negócios como é hoje. Vivemos em uma era onde a transformação digital já está no passado. Deixou de ser um diferencial, tornou-se uma necessidade. Capacidades técnicas como a inteligência artificial prosperam rapidamente e fazem com que as organizações e lideranças de todos os setores enfrentem a pressão de se adaptar rapidamente às mudanças para manter sua relevância e competitividade. Nesse contexto, o papel do CIO/CTO evoluiu já há bastante tempo e deixou de ser um gestor de tecnologia para tornar-se um líder estratégico, responsável por direcionar a organização através de águas turbulentas e aproveitar as oportunidades "das ondas" que surgem.

Por outro lado, o livro é extremamente prático e simples, abordando temas essenciais como planejamento estratégico, arquitetura corporativa, segurança da informação, inovação, gestão de equipes e muito mais. Cada tema é explorado com profundidade e clareza, oferecendo ferramentas práticas que podem ser aplicadas imediatamente no seu ambiente de trabalho. A abordagem colaborativa na sua elaboração é um reflexo da realidade atual, onde o trabalho em equipe e a inteligência coletiva são fundamentais para o sucesso de qualquer projeto.

Os capítulos iniciais focam no planejamento estratégico e na arquitetura corporativa, destacando a interconexão entre esses elementos e a necessidade de uma liderança forte e bem-informada para conduzi-los. A arquitetura corporativa é apresentada não apenas como um conjunto de práticas técnicas, mas como uma disciplina essencial para alinhar a tecnologia com os objetivos de negócios, promovendo eficiência e inovação. O planejamento estratégico é explorado como um processo contínuo que exige uma visão clara e uma execução precisa, tendo a tecnologia como papel central.

A segunda parte do livro é um "presente" para que um CIO se desenvolva com excelência. As características de um líder da nova era são delineadas com exemplos práticos e recomendações de especialistas. Ser um líder na era digital requer mais do que conhecimento técnico; exige habilidades de comunicação, pensamento crítico, adaptabilidade e uma capacidade constante de aprendizado. Os capítulos sobre *lifelong learning* e o perfil *T-shape* destacam a importância de desenvolver uma base ampla de conhecimentos enquanto se aprofunda em áreas específicas, permitindo uma resposta ágil às mudanças e uma visão holística das operações de TI.

Nem sempre é fácil alinhar operações com objetivos de negócios. A terceira parte do livro enfoca a excelência na entrega de resultados, discutindo a integração de negócios e TI, a medição de benefícios em projetos digitais e a importância da agilidade na arquitetura corporativa. Esses capítulos fornecem uma visão prática de como alinhar as operações de TI com os objetivos corporativos, garantindo que cada iniciativa tecnológica agregue valor real à organização. A agilidade na arquitetura é destacada como uma necessidade para responder rapidamente às mudanças do mercado e às demandas dos clientes, transformando a TI em um parceiro estratégico para a inovação.

Por fim, a quarta parte do livro olha para o futuro, explorando as tendências emergentes e as habilidades necessárias para liderar na próxima década. A agenda de TI, a transição do CIO para áreas de negócios e a inovação são discutidas em detalhes, oferecendo uma visão clara de como os líderes de TI podem se preparar para os desafios futuros. A ênfase no *coaching*, no autoconhecimento e no desenvolvimento contínuo destaca a necessidade de uma mentalidade de crescimento, onde a busca pelo conhecimento e a melhoria contínua são fundamentais para o sucesso sustentável.

Ao ler este livro, espero que você se sinta inspirado e equipado para enfrentar os desafios e aproveitar as oportunidades que a tecnologia oferece. Que este guia seja uma fonte de conhecimento, motivação e transformação, ajudando você a liderar com confiança e competência em um mundo cada vez mais digital. Desejo a você uma leitura proveitosa e enriquecedora. E agradeço aos autores por deixarem esse legado para todos aqueles que um dia querem chegar à liderança de carreiras de tecnologia suficientemente preparados para transformar negócios, sociedade e o mundo em que vivemos.

Cláudia Marquesani

CIO/CTO

Apresentação do livro CIO & CTO Estratégia e Arquitetura Corporativa

Em minha atuação como empresário, *advisor* e editor, tenho uma grande interação com executivos, empresários e conselheiros cada vez mais interessados em iniciativas que **melhorem o resultado do negócio**. A estratégia de TI torna-se uma importante prática para a grande maioria das empresas nesse mundo digital em que vivemos.

A história deste livro começou no evento de lançamento do livro Jornada VMO no Rio de Janeiro nos dias 21 e 22 de agosto de 2023. Em uma conversa durante um dos intervalos do evento, o Eduardo Gorges sugeriu a escrita de um livro sobre a carreira de um CIO e comentei que o tema estava no *roadmap* da nova série *Advisor*. Chegamos em um consenso de que teria todo o sentido somar os dois temas.

Após essa primeira conversa, decidimos mobilizar outras pessoas incríveis para iniciar mais um livro colaborativo. Como o time organizador tem um importante papel na escrita colaborativa, o próximo passo foi escolher pessoas dedicadas e comprometidas com a curadoria para garantir a qualidade de todo o conteúdo. Um dos grandes desafios das atividades que realizamos na Jornada Colaborativa é priorizar uma parte do nosso tempo para a escrita dos livros, e o líder do time organizador desempenha importante papel para mobilizar os coautores e orquestrar todas as ações necessárias para o sucesso no resultado final para nossos leitores, a nossa razão de ser.

Convidei o *Taiolor* para dividir a liderança do livro com o Eduardo e montamos um timaço executivo com experiências diversificadas para o time de autores com a adesão de feras do mercado na escrita dos capítulos.

Parabéns aos curadores e autores pelo excelente conteúdo!

Antonio Muniz

Fundador da Jornada Colaborativa

Prólogo

Eduardo Gorges

Muitas pessoas me perguntam como é a trajetória para chegar ao cargo de CIO. A primeira resposta é que não é um caminho contínuo nem sequencial. Diria meu pai Valter que *Life is full of ups and downs*. Realizamos projetos de sucesso, fracassamos em algumas iniciativas, conquistamos muito e nos frustramos diversas vezes.

Mas para resumir em três pontos importantes, para chegar a CIO ou CTO é preciso: preparação, sorte e paciência. Ter apenas duas dessas não basta.

Resolvemos editar esta coleção de livros sobre os desafios do dia a dia de quem é executivo de TI e como desempenhar o máximo como um CIO ou CTO. Disse o Tiger Woods que tem muita sorte, mas que só começou a ter sorte depois de treinar diversas horas por dia durante o ano inteiro. Assim, acredito que a sorte aumenta com a preparação. Paciência vai muito além de esperar pela oportunidade: nos capítulos você verá como boa parte da preparação é longa e não, não estamos na Matrix para fazer o *download* do software de pilotagem de helicóptero.

Convidamos executivos de tecnologia para a produção deste livro, abordando os seguintes temas:

- Planejamento estratégico integrado à arquitetura corporativa
- Os perfis de CIOs
- *T-shape*: especialista com boa visão geral
- *Lifelong learning*
- Segurança de informação
- Infraestrutura
- Montar um time vencedor
- Governança de TI
- Técnicas de negociação
- Planejamento
- Gestão de projetos
- Comunicação
- *Networking*
- Agenda de TI
- Gestão orçamentária
- Arquitetura corporativa
- Inovação

Esperamos que a leitura seja proveitosa!

Eduardo Gorges

Curador da série CIO/CTO *Advisor* 10x

Sumário

PARTE I. PLANEJAMENTO ESTRATÉGICO E ARQUITETURA CORPORATIVA

Organizador: Fábio Margarito

> *Todos podem ver as táticas de minhas conquistas, mas ninguém consegue discernir a estratégia que gerou as vitórias.*
>
> *Sun Tzu*

Esta parte inicial do livro aborda a necessária interligação do planejamento estratégico de uma organização com a arquitetura corporativa, para que a liderança corporativa não fique desconectada da evolução de arquitetura.

1. Visão geral de arquitetura corporativa e planejamento estratégico no mundo

Wander Bringhenti

O conceito de estratégia é tão antigo quanto a própria história humana. Seu entendimento e sua aplicação evoluíram significativamente ao longo do tempo.

Planejamento estratégico, arquitetura corporativa e estratégia constituem elementos interdependentes que, juntos, formam o cerne da gestão e do desenvolvimento organizacional. Planejamento estratégico emergiu para estruturar planos de curto, médio e longo prazo. Arquitetura corporativa aprimorou significativamente muitas técnicas e detalhamentos, aumentando a eficiência e reduzindo custos.

O objetivo da arquitetura corporativa é planejar, de forma sistemática, capacidades internas, princípios, componentes reutilizáveis, transições, definindo diversos níveis de detalhe e abrangência.

Arquitetura corporativa pode ser agnóstica em relação às diferentes técnicas utilizadas, podendo se adaptar de forma mais ampla a uma infinidade de *frameworks* e modelos de trabalho.

Estratégia deriva originalmente do grego *"strategós"*, significando literalmente "líder de exército". O termo era usado na Grécia antiga para designar o cargo conhecido nos dias de hoje como general ou líder de tropas em batalha; o conceito de estratégia estava inicialmente ligado à guerra e ao planejamento militar. Os primeiros registros do uso consciente de estratégias datam de civilizações antigas como a China, Grécia e a Índia, onde líderes militares como Sun Tzu, autor de *A Arte da Guerra*, e Kautilya, autor de *Arthashastra*, exploraram princípios estratégicos que ainda são estudados e aplicados em diversos contextos. A crescente relevância da estratégia ao longo da história se reflete na elaboração de tratados modernos, como *Da Guerra*, de Carl von Clausewitz*, The Utility of Force, de* Rupert Smith, e muitos outros, demonstrando como a evolução do pensamento estratégico continua a influenciar tanto os conflitos militares quanto as abordagens para a paz e segurança globais.

O interesse pelo tema da estratégia transcende o âmbito militar, como fica evidente na criação de inúmeros jogos de tabuleiro temáticos. Esses jogos oferecem valiosas lições, destacando-se por sua capacidade de combinar diversão com aprendizado. O planejamento de passos encadeados em uma sequência ideal orienta o jogador à vitória. Diversos imperadores antigos jogavam regularmente Xadrez, por entender se tratar de um excelente exercício para suas capacidades de planejamento e de desenvolvimento de estratégias militares. Jogos antigos como o Awalé, parte da família de jogos de tabuleiro Mancala, que são alguns dos mais antigos jogos conhecidos no mundo, ainda são extremamente populares no continente africano. Jogos como Gamão, Go, Alquerque (a versão antiga das Damas) e muitos outros serviram e continuam a servir como meios de lazer e relaxamento, evidenciando a importância da estratégia não apenas do ponto de vista histórico, mas também no âmbito do desenvolvimento social e cultural.

Ao longo dos séculos, o conceito de estratégia expandiu-se para além do campo de batalha. No entanto, foi apenas no século XX que a estratégia começou a ser formalmente reconhecida no mundo dos negócios e da gestão. Com o advento da industrialização e o crescimento das corporações, tornou-se imperativo para as empresas planejarem com antecedência para navegar na concorrência e nos mercados em mudança.

Teóricos da gestão, como Alfred Chandler, Peter Drucker, Michael Porter e Henry Mintzberg, entre outros, foram fundamentais para desenvolver e refinar o conceito de estratégia empresarial. Chandler, em sua obra *Strategy and Structure* (1962), destacou a importância da estratégia no delineamento da estrutura organizacional. *Drucker* enfatizou a importância de objetivos claros e a tomada de decisões conscientes. Porter introduziu modelos como as Cinco Forças e a Estratégia Genérica, fundamentais para o entendimento da concorrência e do posicionamento estratégico. *Mintzberg* descreveu estratégias não apenas como planos deliberados, mas também como padrões emergentes dentro de organizações.

O alto volume de fracassos nos grandes planejamentos estratégicos no mundo evidenciaram a necessidade de uma estruturação mais ampla na forma de apresentar, planejar, gerenciar e governar planejamentos estratégicos. A grande pressão interna das organizações sobre as recém-criadas estruturas do *Chief Information Office*r ou Diretor de TI criou desafios comuns para os quatro cantos do mundo.

Importante ressaltar que, ao contrário do que muitos pensam, os primeiros desafios não estavam especificamente em desenvolver uma capacidade de gerenciar TI alinhada às necessidades de negócio. O primeiro desafio estava em gerir como a informação fluiria pela corporação. Porque o grande dilema inicial era o tempo muito alto para fazer uma mudança sistêmica no fluxo de dados, alterando ou criando origens e destinos. E, ao conseguir fazê-lo, garantir que esses dados pudessem conter informações úteis.

Em paralelo a essa crescente demanda, também se torna importante esclarecer que muitas organizações globais, com foco em padrões arquiteturais, haviam sido recentemente criadas. Algumas dessas organizações sem fins lucrativos já eram compostas por engenheiros e arquitetos de tecnologia, sejam operando como colaboradores voluntários ou como funcionários, mas com experiência ainda iniciante em práticas de planejamento estratégico ou corporativo. Contudo, foi apenas natural que algumas dessas organizações se posicionassem para atender a esses desafios globais trazidos pelos CIOs, considerando que elas já recebiam demandas desses mesmos CIOs para os trabalhos mais relevantes, ou pela pressão das grandes empresas de serviço que também patrocinavam as iniciativas de padronização e colaboração globais.

Com base nesse cenário, o Open Group, um consórcio global de organizações do mundo todo, então responsável por diversos padrões arquiteturais, como, por exemplo, pelo sistema operacional UNIX, amplamente difundido, recebeu o desafio de criar uma solução para esses grandes dilemas. O Open Group criou a visão e missão do *Boundaryless Information Flow*, ou seja, o fluxo de informações sem fronteiras. Ficou claro que práticas consagradas, técnicas de modelagem, metodologias e definições deveriam ser orquestradas de forma harmoniosa para a obtenção de resultados práticos. Esse conhecimento deveria ser organizado, oficializado e compilado, pois já parecia ser altamente complexo como teoria, imagine para ser colocado em prática.

O primeiro passo nessa jornada do Open Group foi iniciar uma busca formal por materiais diversos, em todas as organizações globais, que endereçassem pelo menos parte do problema. Isso seria fundamental para permitir um "jump start" na iniciativa, que já se demonstrava faraônica.

Havia um *framework* do departamento de defesa americano (DOD) que atendia parcialmente a essa demanda, denominado TAFIM. O TAFIM já era um compilado prático, com objetivos de estratégia bélica e muito orientados a infraestrutura. Foi o resultado de alguns anos de investimento do governo americano e serviu como base para a primeira versão do TOGAF (*The Open Group Architecture Framework)*.

A partir da sua versão 1.0, em 1995, foi gradualmente incorporando novos métodos e ferramentas, até se tornar efetivamente o primeiro *framework* de arquitetura corporativa, cadenciando técnicas de planejamento estratégico mais modernas com modelagem e planejamento de aplicações, dados e tecnologia.

O agregado de técnicas incorporadas ao grande guarda-chuva do *framework* de arquitetura corporativa é tão vasto que não pôde ser todo compilado no grande livro. Foram incorporadas desde técnicas inovadoras de gerenciamento de *stakeholders* e de visões estratégicas usadas no processo de construção do Boeing 747, bem como modelos de referência relevantes como o TRM (para organizar e padronizar as tecnologias da corporação), o IIIRM (que serviu de base para a estruturação de muitas das tendências de integração de sistemas até os dias de hoje) e outras tantas. Os trabalhos iniciais foram 100% voluntários, com arquitetos do mundo todo adicionando contribuições e participando de validações dessa grande referência. Isso atendeu com grande sucesso às primeiras solicitações globais e vem sendo aos poucos ajustada e adaptada às necessidades atuais.

Como resultado, as maiores empresas de tecnologia, serviços e consultoria, muitas delas tendo participado e patrocinado essa iniciativa por anos, passaram a criar *frameworks* baseados em TOGAF, tanto para gerir suas estratégias globais internas como para vender consultorias de criação de planejamentos estratégicos para organizações de todo porte. Alguns desses novos *frameworks* também inspiraram e estimularam muitos outros avanços nas disciplinas de planejamento estratégico no mundo. Praticamente a totalidade dos planejamentos globais passaram a fazer uso de um ou outro *framework* de mercado, mesmo por desconhecimento, porém invariavelmente customizado para sua própria organização.

Um cenário global interessante começou a se desenhar naturalmente. Grande parte das técnicas de planejamento estratégico, que focavam com grande ênfase durante muitos anos em revisão de organização, motivação, processos, objetivos, passaram a usar arquitetura corporativa, o que incluía inovações nos modelos de negócio utilizados, permitindo acelerar alguns resultados, mas trazendo visões holísticas de alto valor com a inclusão de aplicações, dados, tecnologia e revisão de contratos, passando a enfatizar a transição das arquiteturas como parte fundamental de etapas do plano estratégico. O grau de efetividade aumentou consideravelmente para grandes transformações e a ciência de gerenciar organizações globais tornou-se praticamente uma arte.

CIOs de todo o mundo passaram de demandantes a consumidores ávidos de conhecimento de planejamento estratégico e de arquitetura corporativa, precisando passar por certificação desse tipo, para a maioria das indústrias. A grande maioria das empresas globais de serviços passou a incluir certificações na área como obrigatórias para assumir alguns cargos. Em países onde existe uma grande demanda por gerenciamento de empresas globais, como os Estados Unidos, Inglaterra, Austrália, Canadá, Europa e alguns países da Ásia, certificações para os quadros executivos tornou-se obrigatória em funções-chave do governo. Praticamente todas as 500 maiores empresas têm os seus *frameworks* internos intimamente associados às práticas de EA (*Enterprise Architecture*). Em algumas organizações, a Diretoria de Arquitetura ou *Chief Architect* passou a ser uma estrutura apartada do escritório de TI. Em outras organizações, Arquitetos Corporativos ou *Chief Architects* são selecionados para assumir o cargo de CIO, em grande parte pela natureza do trabalho de planejamento, que os leva a ter maior facilidade na comunicação junto às camadas executivas da companhia.

Ao analisar a evolução global do planejamento estratégico e da arquitetura corporativa, nota-se que os Estados Unidos e a Inglaterra desempenharam papéis cruciais como pioneiros e principais propagadores dessas ideias. Esses conceitos se espalharam amplamente pelo continente europeu antes de se estenderem gradualmente para a América Latina.

No Oriente, vimos a Índia como difusora natural, dada a sua vasta economia de exportação de serviços, com muitas empresas estrangeiras se instalando nos maiores centros de tecnologia indianos. A China passou a fazer uso consistente de *frameworks* de arquitetura corporativa nos seus planejamentos estratégicos. A iniciativa surgiu nas indústrias estrangeiras instaladas em alguns dos grandes centros e se propagou para demandas mais amplas do próprio governo chinês, com amplo financiamento para as grandes transformações. O Japão, apesar de possuir demanda para planejamentos globais, manteve-se um tanto quanto reticente em relação ao uso de arquitetura corporativa da forma como é hoje aplicada e vem utilizando parcialmente ou criando seus próprios métodos.

Na América Latina o crescimento no uso de arquitetura corporativa e planejamento estratégico ainda é marginal quando comparado a outros continentes. O Brasil foi o primeiro país a oficialmente fazer uso dessas técnicas no continente, com alguns casos bem-sucedidos. Apesar do rápido crescimento inicial, percebemos uma evolução ainda muito comprometida pela falta de profissionais com conhecimento real da prática, considerando que o volume de empresas com demanda global no Brasil também se apresenta reduzido. Colômbia tem tido crescimento consistente, com alguns programas de certificação obrigatórios no governo e grande estímulo em algumas áreas.

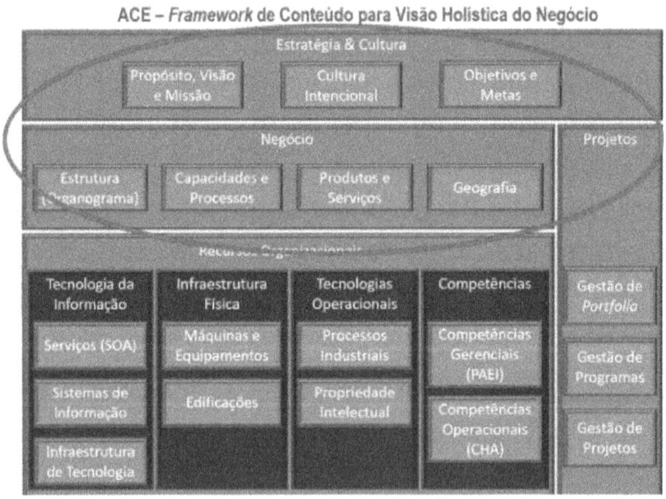

Figura 1.1. Modelo ACE – Arquitetura Corporativa Essencial. Fonte: Belloquim (s.d.)

Átila Belloquim, em seu modelo ACE (Arquitetura Corporativa Essencial), destaca como a arquitetura de negócio é dividida em duas partes: estratégica e operacional.

A **Arquitetura de Negócio Estratégica** mapeia questões como a missão e visão da empresa, seus valores e sua cultura organizacional, o seu modelo de negócio e sua estratégia.

A **Arquitetura de Negócio Operacional** preocupa-se com a estrutura organizacional, capacidades (*capabilities*), fluxos de valor (*value streams*), incluindo processos de negócio, os produtos e serviços que a empresa vende e a distribuição geográfica da organização.

PARTE II. CIO DE EXCELÊNCIA

Organizador: João Carlos Freitas

Nós somos aquilo que fazemos repetidamente. Excelência, então, não é um modo de agir, mas um hábito.

Will Durant

Esta parte aborda características de um CIO/CTO, como: ter um olhar crítico para novidades, cuidado com novidades especulativas, ter um perfil *T-shape* e a carreira do CIO.

2. Do conceito à realidade: como o CIO pode navegar no ciclo de vida da inovação

Raphael da Costa

A Palm Computing Inc. foi fundada em 1992 e se tornou a grande promessa do mundo digital com seus PDAs (*Personal Digital Assistants*), representando uma visão ainda embrionária dos *smartphones*. Esses dispositivos pareciam sinalizar uma nova era que se aproximava com a virada do milênio. No entanto, apesar das promessas, essa novidade não prosperou e acabou se juntando ao panteão de ideias passadas, aquelas que são interessantes, mas nunca realmente decolaram. Por quê?

Se você é um executivo lendo este livro, a principal pergunta que deve estar em sua mente é como garantir que as novidades em que você investe não acabem no mesmo destino. Para isso, é importante primeiro entender como funciona o ciclo de vida de uma inovação.

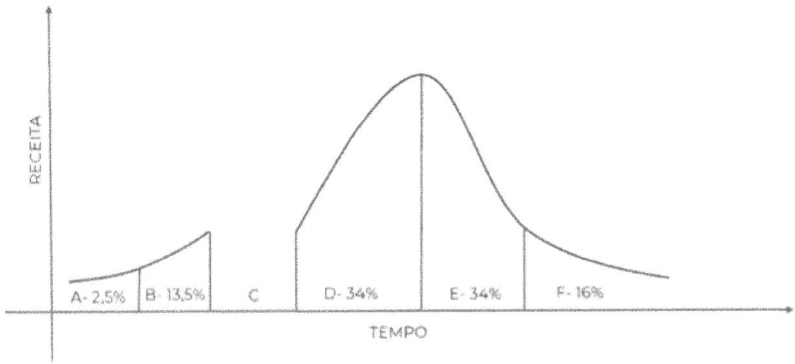

Figura 2.1. Ciclo de vida de uma inovação. Fonte: o autor.

Segundo Geoffrey Moore (2014), as letras referem-se à classificação do público: "A" para os inovadores, "B" para os visionários, "D" para os pragmáticos, "E" para os conservadores e "F" para os céticos. A letra "C" refere-se ao abismo entre os mercados inicial e principal, sendo o inicial formado por entusiastas e visionários, e o mercado principal pelos pragmáticos, conservadores e céticos. Como executivo de tecnologia e inovação, seu trabalho é conseguir percorrer todo esse ciclo de vida com as inovações que você adota, sendo capaz de cruzar esse abismo – e essa é a parte difícil.

Há pouco mais de uma década, aprendi uma técnica em uma das palestras da Semana Global do Empreendedorismo que me fez ver essa curva de uma forma diferente, muito mais pragmática, e é ela que gostaria que você conhecesse...

Toda inovação é um corte, uma ruptura, no *status quo*, o que significa que inicialmente ela irá causar desconforto no sistema em que está inserida. O que acontece a seguir é consequência da estratégia utilizada na sua adoção. Caso essa estratégia não exista ou não seja bem elaborada, a inovação será removida devido à dor que causa e cairá em esquecimento. Caso contrário, você conseguirá colher os frutos dela.

Para colher esses frutos, normalmente é necessária uma "malha de cicatrização", uma estratégia capaz de "parar a sangria" causada pelo corte no *status quo*. Essa malha não se trata apenas de um plano de projeto para implementação, mas de um conhecimento profundo do seu mercado, costumes, valores e tecnologias já existentes. Uma análise matricial simples pode ser elaborada considerando as tecnologias existentes, a adesão do público e o momento econômico.

	0-3 anos	**3 a 5 anos**	**>5 anos**
Tecnologia existente	Há tecnologia	Há tecnologia	Ficará obsoleta
Adesão do público	Não há adesão	Há adesão	Há adesão
Momento econômico	Momento desfavorável	Momento favorável	Momento incerto

Na verdade, trata-se de um exercício sobre a escolha do momento correto, relativamente simples, mas que pode ajudar a tomar a melhor decisão. Um exemplo disso é citado na própria biografia de Steve Jobs (ISAACSON, 2011), onde Jobs comenta que o iPad já havia sido pensado há décadas, mas não havia tecnologia suficiente para realizá-lo, e, mesmo quando houve, eles entenderam que o público não estava preparado. Foi apenas com o surgimento do iPhone que o lançamento do iPad passou a fazer sentido.

A lição ensinada por Jobs é um exercício primoroso de viabilidade e relevância. Antes de buscar adotar as novidades do mercado, é primeiro necessário entender se essa novidade faz sentido para a realidade da empresa e para as dores do negócio. As inovações geralmente propõem a solução de um problema ou a melhoria de algo, mas é ainda mais importante entender se essa dor é sentida pela empresa. Se a empresa não sente essa dor, já é um sinal de que muito provavelmente a tecnologia não oferecerá o retorno sobre o investimento esperado e muito provavelmente não deve ser adotada.

Por vezes, há muito ruído no mercado sobre novas tecnologias e tendências de mercado, com propaganda e marketing direcionados para demonstrar a vantagem competitiva de uma organização. Isso é um afago a investidores, uma nutrição para as especulações dos papéis em bolsa e um perigo para concorrentes desesperados. É preciso separar aquilo que é ruído daquilo que realmente é um barulho a ser escutado e respondido. E a melhor forma de fazer isso é por meio de uma estratégia bem definida de investimento em inovação.

A relevância para o negócio não se refere, todavia, apenas ao fato de solucionar uma dor do negócio, mas principalmente de estar inserida dentro de uma estratégia de inovação e tecnologia da empresa. Se ela está conectada a um mapa estratégico que se desdobra diretamente da missão e dos valores da empresa, entender como as novidades se inserem dentro da estratégia ajuda também a entender como será feita a gestão de riscos dessa novidade. Por vezes, as mudanças necessárias para se adotar uma determinada inovação envolvem desde quesitos de segurança até quesitos de cultura e de infraestrutura que requerem um trabalho hercúleo.

Atuando com consultoria, acompanhei por diversas vezes CIOs adquirindo empresas e tecnologias que simplesmente não se comunicavam com o ecossistema que eles possuíam no momento, e pouquíssimas vezes havia recurso suficiente para garantir essa adaptação. Dentre essas visões, duas experiências me marcaram bastante: a primeira foi acompanhar uma estratégia de desenvolvimento de uma inteligência artificial que analisava a emoção da pessoa ao realizar um determinado processo. A ideia era conseguir, ao analisar o sentimento da pessoa, direcionar melhor o seu atendimento e priorizar de forma diferente esse processo. Foram dois anos de desenvolvimento e uma solução primorosa, que só tinha um problema: o cliente tinha pouca variação de humor durante o processo.

A segunda experiência foi a aquisição de uma solução desenhada com microsserviços para ser acoplada em um sistema monolítico. Ela levou mais de cinco anos para conseguir funcionar conforme o plano inicial simplesmente porque os riscos associados a essas interações não haviam sido corretamente mapeados, o que envolveu um investimento significativo da companhia que extrapolava o que havia sido previsto inicialmente no orçamento.

Esses dois casos são lições muito simples, mas que representam um erro gigantesco para uma estratégia organizacional: por entender que é um movimento do mercado, os *C-Level* da organização decidem tomar uma posição arrojada e deixam de lado a real necessidade do seu cliente e a real capacidade da empresa para navegar nesse mesmo movimento de mercado.

Por fim, um aspecto constantemente negligenciado e que talvez seja o mais importante é o investimento feito para o aprendizado e a mudança cultural necessários para que a inovação possa prosperar. É comum que CIOs busquem novas tecnologias e soluções para problemas da operação e negligenciem o fato de que, por vezes, as pessoas que estão trabalhando nos problemas da operação podem entender que, após a aplicação dessa nova solução, seu trabalho não será mais importante. Isso é uma miopia causada pela operacionalização excessiva em que pessoas trabalham como máquinas, mas ainda assim é uma realidade.

Outro aspecto primordial é notar que, por vezes, alguém em algum momento dentro da sua empresa já deve ter tentado resolver esse mesmo tipo de problema, e muito provavelmente, quando a nova solução for ser implantada, essa pessoa será a primeira a ir contra.

Por isso, é importante utilizar práticas de gestão de comunicação e de *stakeholders*, atreladas a um plano efetivo de gestão de mudanças, o que irá auxiliar na execução necessária para que a novidade que está sendo trazida para a sua empresa possa de fato fazer parte do dia a dia dos seus colaboradores.

A importância de um olhar crítico para as novidades tecnológicas é ressaltada por histórias como a da Palm Computing Inc., que, apesar de uma ideia inicialmente promissora, não conseguiu sustentar seu sucesso no mercado competitivo de tecnologia. Para líderes empresariais, especialmente CIOs, é essencial não apenas identificar e adotar inovações, mas também assegurar que estas estejam alinhadas com as necessidades reais da empresa e do mercado. A capacidade de discernir entre modismos passageiros e tecnologias verdadeiramente transformadoras pode determinar o sucesso ou o fracasso de uma organização no longo prazo.

O conceito da "malha de cicatrização", mencionado no contexto da adaptação a novas tecnologias, destaca a necessidade de uma estratégia sólida que integre a inovação de maneira suave e eficaz dentro da estrutura existente da empresa. Esse processo envolve entender profundamente o mercado, assim como os riscos e as oportunidades que cada nova tecnologia traz. Estratégias bem planejadas são fundamentais para mitigar os impactos negativos iniciais que uma nova tecnologia pode trazer e para facilitar sua integração eficaz ao ecossistema da empresa.

Finalmente, a abordagem para a inovação tecnológica deve sempre considerar o fator humano – como as mudanças afetarão os colaboradores e como eles perceberão essas mudanças. A gestão eficaz da comunicação e a implementação de um plano de gestão de mudanças são cruciais para garantir que a inovação seja aceita e incorporada à cultura da empresa. Líderes como CIOs devem estar atentos não só às possibilidades tecnológicas, mas também às implicações culturais e operacionais de suas decisões, assegurando assim que a inovação possa prosperar dentro da organização.

3. *T-shape*

Paulo Cesar Imelk

CIO é generalista ou especialista? Para quem é de fora da TI, o CIO é o sabe-tudo de tecnologia: tem que disponibilizar novos sistemas com facilidade, conhecer todas as soluções de mercado, resolver o problema da internet que caiu, consertar o *notebook*, configurar o relógio de ponto, disponibilizar *wi-fi* dentro do elevador...

A faculdade pode ter sido generalista, mas os primeiros empregos certamente o ajudaram a se especializar em alguma das áreas de TI. Adiante, naturalmente você aprofunda conhecimentos e posteriormente pode crescer na estrutura, tornando-se o popular *T-shape:* tem conhecimento generalista de TI e é especializado em alguma tecnologia.

3.1. Definição do conceito de *T-shape* e sua origem

No dinâmico cenário tecnológico, onde a inovação é a palavra de ordem, surge uma estratégia eficaz para profissionais que buscam equilibrar especialização e versatilidade. Essa abordagem é conhecida como *T-shape*, um conceito que encapsula a combinação única de conhecimento especializado em uma área específica, representado pelo traço vertical do "T", e habilidades gerais diversas que transcendem essa especialização, representadas pelo traço horizontal.

O termo *T-shape* foi popularizado como uma metáfora para descrever o perfil de um profissional cujas habilidades e competências se assemelham à forma da letra "T". O traço vertical simboliza a profundidade do conhecimento em uma disciplina específica, enquanto o traço horizontal representa a amplitude de habilidades que se estendem além dessa especialização.

Essa abordagem procura romper com a dicotomia entre especialização e generalização, reconhecendo que, no contexto tecnológico atual, os profissionais não podem depender exclusivamente de conhecimentos especializados, mas também devem cultivar uma gama diversificada de habilidades para se adaptarem às demandas mutáveis do mercado.

3.2. Características do *T-shape*

No atual panorama tecnológico, marcado pela constante evolução e diversificação de demandas, a abordagem *T-shape* emerge como um diferencial estratégico para profissionais que buscam prosperar em um ambiente dinâmico e complexo.

a) **Adaptabilidade e resiliência**: o *T-shape* atua como um catalisador para a adaptabilidade, permitindo que profissionais se ajustem rapidamente a mudanças no ambiente tecnológico. Ao possuir conhecimento especializado em uma área vertical e habilidades horizontais, os indivíduos tornam-se mais resilientes diante de novas tecnologias, metodologias e requisitos do mercado.

b) **Resolução de problemas complexos**: o mercado de trabalho tecnológico busca profissionais capazes de resolver problemas complexos e multidisciplinares. O perfil *T-shape*, com sua combinação de especialização e habilidades transversais, é altamente valorizado pelas empresas, pois permite uma adaptação mais rápida às constantes mudanças do cenário tecnológico.

c) **Colaboração interdisciplinar**: o perfil *T-shape* é um motor para a transformação organizacional. Ao promover a troca de conhecimentos e a diversidade de perspectivas, as equipes multidisciplinares são capazes de encontrar soluções mais eficientes para os desafios complexos do mundo atual, buscando promover a inovação e a competitividade das organizações.

d) **Eficiência na comunicação**: profissionais *T-shaped* possuem habilidades de comunicação robustas, permitindo a tradução eficiente de conceitos complexos para diferentes audiências. Isso promove uma comunicação clara e eficaz entre equipes técnicas e não técnicas, facilitando o alinhamento de objetivos e metas.

e) **Valor para as organizações**: empresas que fomentam uma cultura *T-shaped* colhem benefícios substanciais. Profissionais versáteis contribuem não apenas para projetos específicos, mas também para a visão estratégica da organização, agregando valor a longo prazo e impulsionando a inovação constante.

f) **Desenvolvimento profissional sustentável**: a abordagem *T-shape* proporciona o equilíbrio ideal entre especialização e diversificação, fundamental para um desenvolvimento profissional sustentável. Ao investir em ambas as áreas, os profissionais se tornam mais adaptados às constantes mudanças do mercado de trabalho e garantem uma carreira mais promissora.

g) **Competitividade no mercado de trabalho**: profissionais *T-shaped* destacam-se no mercado de trabalho competitivo. A combinação de especialização técnica e habilidades interpessoais torna-os profissionais altamente procurados, capazes de se destacar em papéis diversos e de liderança.

3.3. Habilidades em profundidade (vertical): explorando conhecimento especializado em tecnologia

a) **Desenvolvimento de software:** em desenvolvimento de software, habilidades em profundidade envolvem proficiência em linguagens de programação específicas, compreensão avançada de estruturas de dados e algoritmos, além da capacidade de criar soluções eficientes e escaláveis. Contextos específicos podem incluir desenvolvimento de aplicativos móveis, web ou sistemas embarcados.

b) **Inteligência artificial (IA)**: na área de IA, conhecimento profundo abrange algoritmos de aprendizado de máquina, redes neurais, processamento de linguagem natural e visão computacional. Profissionais especializados em IA são essenciais para criar sistemas autônomos e para otimizar a tomada de decisões baseada em dados. Contextos práticos podem incluir a criação de *chatbots*, reconhecimento de padrões e veículos autônomos.

c) **Segurança cibernética**: em segurança cibernética, habilidades especializadas incluem compreensão aprofundada de vulnerabilidades, análise forense, criptografia e testes de penetração. Profissionais especializados nesse campo desempenham um papel determinante na proteção de sistemas contra ameaças digitais. Contextos específicos podem incluir a defesa contra ataques de *ransomware*, desenvolvimento de políticas de segurança e auditorias de sistemas.

d) **Computação em nuvem**: para profissionais na área de computação em nuvem, habilidades em profundidade podem abranger arquitetura de nuvem, virtualização, automação e gerenciamento de contêineres. Compreender plataformas de nuvem como AWS, Azure ou Google Cloud é fundamental. Contextos práticos incluem a migração de infraestruturas locais para a nuvem, otimização de recursos e implementação de soluções escaláveis.

e) **Arquitetura de sistemas**: em arquitetura de sistemas, habilidades especializadas englobam a capacidade de projetar e implementar arquiteturas eficientes, considerando aspectos como escalabilidade, disponibilidade e segurança. Profissionais nessa área são responsáveis por criar a base sólida para sistemas complexos. Contextos específicos podem incluir a arquitetura de sistemas distribuídos, integração de tecnologias heterogêneas e garantia de alta disponibilidade.

f) **Análise de dados e *business intelligence***: na análise de dados, conhecimento profundo abrange técnicas avançadas de análise estatística, mineração de dados, visualização de dados e construção de modelos preditivos. Profissionais especializados em *business intelligence* desempenham um papel importante na interpretação e comunicação de *insights* valiosos a partir de grandes conjuntos de dados. Contextos específicos podem incluir a implementação de *dashboards* interativos, análise de tendências de mercado e suporte à tomada de decisões estratégicas.

g) **Gestão de custos em tecnologia:**

- **Análise de orçamentos:** é a base para a tomada de decisões financeiras estratégicas. Profissionais especializados em gestão de custos devem dominar essa habilidade para identificar áreas de otimização, garantir a alocação eficiente de recursos financeiros e, assim, contribuir para o alcance dos objetivos organizacionais.
- **Estratégia de redução de custos:** identificação de oportunidades para redução de custos, seja por meio de negociações com fornecedores, automação de processos ou adoção de tecnologias mais eficientes.
- **Modelagem financeira:** compreender a modelagem financeira aplicada a projetos tecnológicos, incluindo cálculos de retorno sobre investimento (ROI) e análises

de viabilidade, é uma habilidade-chave para otimizar investimentos.

- **Gestão de contratos:** profissionais devem ser capazes de gerenciar contratos de fornecedores, garantindo que acordos estejam alinhados aos objetivos do projeto e que custos sejam controlados de maneira eficaz.

h) **Governança em tecnologia:**

- **Desenvolvimento de políticas e procedimentos:** profissionais especializados em governança devem ter a capacidade de desenvolver políticas e procedimentos sólidos para garantir a conformidade com regulamentações e padrões do setor.
- **Gestão de riscos:** aprofundar-se na gestão de riscos relacionados a projetos e operações tecnológicas é essencial. Isso inclui identificação, avaliação e mitigação proativa de riscos.
- **Conformidade legal e regulatória:** entender e aplicar regulamentações legais relacionadas à tecnologia, garantindo que as operações estejam em conformidade com leis e normativas, é fundamental para a governança eficaz.
- **Transparência e prestação de contas:** profissionais especializados em governança devem garantir que as partes interessadas estejam informadas e que a responsabilidade seja atribuída adequadamente.
- **Avaliação de desempenho:** a habilidade de avaliar o desempenho de iniciativas tecnológicas em relação aos objetivos estratégicos da organização, ajustando estratégias conforme necessário, é essencial para uma governança eficaz.

Essas habilidades em profundidade representam apenas uma fração do vasto espectro de especializações em tecnologia e são fundamentais para profissionais que desejam assumir papéis estratégicos na gestão de projetos e operações tecnológicas. A busca por conhecimento em profundidade em uma área específica não apenas aprimora a expertise individual, como também contribui para o progresso e a inovação contínua no campo da tecnologia. Profissionais especializados são peças-chave na construção de soluções robustas e avançadas que impulsionam o avanço tecnológico.

3.4. Habilidades em largura (horizontal): complementando a especialização em tecnologia

A seguir, exploraremos habilidades gerais que desempenham um papel importante na complementação das especializadas.

a) **Comunicação eficaz:** profissionais *T-shaped* devem ser proficientes na comunicação, sendo capazes de traduzir conceitos técnicos complexos em linguagem acessível para diferentes públicos. Precisa entender que a comunicação deverá ser adaptada de acordo com o público ouvinte. A comunicação eficaz facilita a colaboração e o entendimento mútuo entre membros da equipe e partes interessadas.

b) **Trabalho em equipe:** a capacidade de colaborar harmoniosamente em equipes multidisciplinares é uma habilidade-chave. Profissionais *T-shaped* precisam contribuir de maneira positiva para o trabalho coletivo, reconhecendo e valorizando as habilidades de seus colegas.

c) **Resolução de problemas:** a habilidade de abordar problemas de forma sistemática, identificando causas-raiz e propondo soluções inovadoras, é determinante. Profissionais *T-shaped* são agentes ativos na resolução de desafios, independentemente de sua origem técnica ou interpessoal.

d) **Pensamento crítico:** profissionais *T-shaped* cultivam o pensamento crítico, questionando suposições, analisando informações de maneira objetiva e tomando decisões fundamentadas. Essa habilidade é importante para enfrentar desafios complexos e para aprimorar continuamente processos e soluções.

e) **Empatia e inteligência emocional:** entender as necessidades, perspectivas e emoções de colegas de equipe, clientes e demais *stakeholders* é essencial. A empatia e a inteligência emocional contribuem para um ambiente de trabalho saudável e para a criação de soluções que atendam verdadeiramente às demandas dos usuários.

f) **Adaptabilidade e flexibilidade:** dada a natureza dinâmica do setor tecnológico, a habilidade de se adaptar a mudanças rápidas e de abraçar novas tecnologias e metodologias é fundamental. Profissionais *T-shaped* são flexíveis em suas abordagens e prontos para aprender continuamente.

g) **Tomada de decisão:** habilidades sólidas de tomada de decisão são essenciais para profissionais *T-shaped*. Isso envolve avaliar informações de maneira rápida e precisa, considerando as implicações de cada decisão tanto no curto quanto no longo prazo.

h) **Liderança colaborativa e engajamento de equipes**

- Profissionais *T-shaped* buscam inspirar e motivar suas equipes, transmitindo uma visão clara e estimulando um senso de propósito. Essa habilidade é fundamental para manter a equipe focada e comprometida com os objetivos do projeto.
- A promoção da diversidade contribui para um ambiente de trabalho positivo. Profissionais engajados em criar uma cultura inclusiva fomentam a colaboração e a inovação.
- A construção de relacionamentos sólidos e o entendimento das necessidades individuais de cada membro

da equipe são aspectos importantes para um engajamento eficaz. A empatia e a habilidade de se comunicar eficientemente são chave nesse contexto.

- Profissionais *T-shaped* reconhecem e celebram os sucessos da equipe, fortalecendo o senso de realização e pertencimento. Esse reconhecimento estimula a motivação e o comprometimento contínuo.

Ao cultivar essas habilidades em escala horizontal, os profissionais *T-shaped* se tornam também membros valiosos de equipes e impulsionadores da inovação e eficiência em projetos tecnológicos. A combinação equilibrada de habilidades horizontais e em profundidade é o cerne da abordagem *T-shaped*, capacitando profissionais a enfrentar os desafios multifacetados do mundo tecnológico moderno.

3.5. Conclusão

A essência do *T-shaped* reside em profissionais multifacetados, capazes de combinar conhecimentos técnicos profundos com habilidades de generalista.

Em primeiro lugar, a especialização profunda é um componente importante na abordagem *T-shaped*. No entanto, é na amplitude das habilidades em horizontal que esse profissional se destaca como um impulsionador crítico da evolução tecnológica. A interconexão de especialidades cria pontes entre disciplinas aparentemente desconectadas. Essa sinergia é uma fonte poderosa de inovação.

Além disso, a natureza fluida e adaptável dos profissionais *T-shaped* se alinha perfeitamente com a agilidade necessária na evolução tecnológica. Em um cenário onde as mudanças podem ocorrer rapidamente, a capacidade de se adaptar e de aprender continuamente é uma vantagem estratégica. Profissionais *T-shaped* estão mais bem preparados para enfrentar novos desafios e abraçar oportunidades emergentes.

Equipes compostas por profissionais *T-shaped* possuem uma riqueza de perspectivas, experiências e habilidades, criando um ambiente fértil para a troca de ideias e a colaboração criativa. Essa dinâmica de equipe robusta é um combustível essencial para a inovação e a evolução constante.

4. A evolução dos papéis de CIO e CTO

José Bittencourt Filho

Em atuais modelos novos de gestão, a discussão do cenário atual é muito voltada para pessoas e seu bem-estar frente às estruturas rígidas, que estão sendo substituídas por abordagens mais ágeis e colaborativas, onde a hierarquia é fluida e o foco está na autonomia, na responsabilidade e na inovação. Obviamente, isso ocorre na mais transversal das áreas, que é a TI. Nesse contexto, os líderes incentivam a autogestão e a tomada de decisões descentralizadas.

Os líderes não são mais vistos como autoridades distantes, mas como mentores e facilitadores que estão genuinamente preocupados com o bem-estar e o desenvolvimento de suas equipes. Os gestores de tecnologia devem promover uma cultura de:

- Confiança
- Transparência
- Colaboração
- Inovação
- Foco no cliente

A aplicação dos conceitos de serviço vem tomando protagonismo e "na carona" temos ofertas agregadas que na infraestrutura atual econômica não podem deixar de contar com o uso de novas tecnologias, sejam de hardware ou *software*. Algumas abordagens de estudo e desenvolvimento:

- Ferramentas de *design thinking*
- Noção generalista de aplicação de inteligência artificial
- Gestão de conflitos
- Técnicas de venda

Os líderes estão cada vez mais conscientes da necessidade de reunir uma variedade de perspectivas e experiências para impulsionar a inovação e alcançar resultados sustentáveis por meio das equipes.

Isso significa criar espaços seguros onde todos os membros se sintam valorizados e capacitados a contribuir plenamente, independentemente de sua origem, identidade ou posição na organização. Essa abordagem inclusiva fortalece a coesão da equipe em face dos desafios.

Em tempos mais recentes, tornou-se comum a presença de gestores de tecnologia em comitês e reuniões de governança para tomada de decisão, deixando de lado a visão de área suporte e se ligando diretamente ao sucesso da continuidade de uma organização, independentemente do segmento. Inclusive, tem sido cada vez menos observada a área de tecnologia alocada abaixo da organização financeira, sendo agora colocada diretamente ao lado de todas as áreas de fluxo e core das empresas.

Visões antes exclusivamente de profissionais de TI e práticas preconizadas pela *ITIL®, Cobit® e KCS* podem hoje ser exploradas em qualquer prática de negócio ou segmento de mercado.

Um exemplo tem sido a recente evolução das soluções de ITSM migrando para o conceito ESM (*Enterprise Service Management*), onde os modelos de gerenciamento *ITIL®* são adotados em outras áreas de negócio, em fluxos orquestrados digitalmente, não se restringindo apenas à criação e solução de *tickets* de suporte.

Nesse novo contexto, os papéis de *Chief Information Officer (CIO) e Chief Technology Officer (CTO)* têm passado por uma evolução significativa. Enquanto o CIO tradicionalmente focava na gestão de sistemas de informação e na infraestrutura tecnológica, o CTO se concentrava mais em liderar a inovação e o desenvolvimento de produtos. Suas funções agora se sobrepõem, atuando de forma mais dinâmica, sempre se aproximando das necessidades de um produto/serviço junto ao cliente.

O CIO, historicamente encarregado de garantir que os sistemas de informação e tecnologia suportem as operações e os objetivos estratégicos da organização, viu sua função expandir-se para incluir um foco mais amplo na transformação digital e na criação de valor por meio da tecnologia. Em vez de apenas supervisionar a infraestrutura de TI, o CIO agora formula e executa estratégias digitais, alinhando tecnologia com os objetivos de negócios e impulsionando a inovação em toda a organização.

O CIO atua como um parceiro estratégico para os líderes de negócios (seus pares agora), colaborando estreitamente com eles para identificar oportunidades de transformação digital, otimizar processos, melhorar a experiência do cliente e impulsionar a vantagem competitiva. Isso requer não apenas conhecimento técnico, mas também habilidades de liderança, comunicação e visão estratégica para traduzir a tecnologia em iniciativas que agreguem valor tangível para os negócios.

Ao lado, ou algumas vezes posicionado na mesma cadeira e colecionando a responsabilidade híbrida, o papel do CTO também evoluiu para além do tradicional foco em pesquisa e desenvolvimento tecnológico. Enquanto ainda é responsável por liderar a inovação e orientar a estratégia tecnológica da organização, o CTO agora desempenha um papel mais proeminente na integração de novas tecnologias emergentes e na construção de produtos e serviços que impulsionam o crescimento e a competitividade.

Isso significa que o CTO supervisiona o desenvolvimento de novos produtos e soluções e colabora estreitamente com outros líderes empresariais para identificar oportunidades de inovação, antecipar as tendências do mercado (em constantes alterações e versões) e garantir que a empresa esteja posicionada para capitalizar as mudanças tecnológicas de forma prática e aplicada.

Uma característica forte do CTO deve ser a capacidade de compreensão do ecossistema que gira ao seu redor. Constantemente surgem necessidades ou oportunidades que podem ser supridas com novas funções tecnológicas e que devem ser apresentadas, conceituadas e traduzidas como opções claras de melhorias de produtividade e consolidação de uma oferta de mercado.

O CTO deve, idealmente, assumir a liderança de um grupo de governança para atingir a inovação por meio da TI, que por muitos anos foi departamentalizada sem sucesso em muitas organizações, que viam seu "viveiro de ideação" ser sacrificado por restrições históricas de times de TI.

A frustração de negativa para implementar novas ideias e projetos não deve interferir nesse papel e, sim, aumentar a busca pela próxima aprovação e pelo refinamento cada vez maior do conhecimento do negócio e suas restrições. Resiliente e paciente são adjetivos importantes que rotulam um CTO de sucesso, onde suas realizações aparecem mais que a quantidade de propostas colocadas à mesa.

Além disso, à medida que a tecnologia se torna cada vez mais central para os negócios, tanto o CIO quanto o CTO estão cada vez mais envolvidos na governança de dados, na segurança cibernética e na conformidade regulatória. Eles são responsáveis por garantir que a empresa esteja em conformidade com as leis e os regulamentos, protegendo os dados dos clientes e mitigando os riscos de segurança cibernética.

Ambos os papéis, CIO e CTO, não devem focar na humanização da TI somente em suas equipes; o foco deve incluir também o outro lado humano da relação de negócios: a visão cliente.

A reflexão sobre a evolução dos papéis de CIO e CTO aborda a crescente interseção entre tecnologia e negócios.

Essa ambidestria exige que esses líderes sejam não apenas especialistas técnicos, mas também estrategistas de negócios, inclusive na venda de projetos, bem como agentes de mudança.

Ao colaborar de forma mais estreita e integrada, o CIO e o CTO podem ajudar as organizações a aproveitar ao máximo o potencial agregado da tecnologia de forma mais conveniente, impulsionar o sucesso da empresa a longo prazo e alavancar suas jornadas de carreira e transformação digital, que tem sido a busca inspiradora de muitas organizações, independentemente de segmento, para de fato contribuir com a satisfação e a experiência dos clientes.

5. Características de um líder na Indústria 4.0

Ivone Ivassaki

Na era da Indústria 4.0, o *Chief Information Officer* (CIO) se tornou uma peça-chave na estratégia e na operação de empresas que desejam se manter competitivas e inovadoras. Neste capítulo, exploraremos em detalhes as características essenciais que um CIO de sucesso deve ter, assim como as perspectivas de liderança recomendadas por Andy Grove, um dos visionários da indústria tecnológica.

A Indústria 4.0 representa uma revolução digital que está transformando a maneira como as empresas operam e se relacionam com seus clientes, fornecedores e parceiros. Nesse contexto, o papel do CIO evoluiu para além de simplesmente supervisionar a infraestrutura de TI. Agora, ele está envolvido em todas as fases do processo de negócios, desde a concepção de estratégias até a implementação de soluções tecnológicas inovadoras.

5.1. Características de um CIO na Indústria 4.0

O CIO na Indústria 4.0 é um líder visionário e estratégico que impulsiona a transformação digital da organização. Ao fomentar a inovação, gerenciar dados de forma eficaz e garantir a segurança cibernética, o CIO garante que a organização esteja preparada para prosperar na era digital. Essa visão não se limita apenas à tecnologia, mas também compreende o contexto competitivo, as tendências de mercado e as necessidades dos clientes. É essa compreensão holística que permite ao CIO identificar oportunidades de inovação e transformação digital que impulsionam o crescimento e a sustentabilidade da empresa.

Andy Grove, cofundador e ex-CEO da Intel, sintetizou essa responsabilidade com sua famosa frase: "apenas os paranoicos sobrevivem". No contexto da Indústria 4.0, essa mentalidade se traduz na necessidade de o CIO estar constantemente atento às tendências emergentes, buscando novas oportunidades e se adaptando rapidamente às mudanças disruptivas.

Além disso, um CIO eficaz é altamente adaptável e orientado para o aprendizado contínuo – na Indústria 4.0, a velocidade da mudança é exponencial, e os CIOs precisam estar preparados para enfrentar desafios imprevistos e aproveitar oportunidades emergentes. Isso requer uma mentalidade ágil e uma disposição para experimentar novas abordagens e tecnologias.

Além de possuir habilidades técnicas sólidas, a liderança é outra característica fundamental de um CIO de sucesso. Um CIO eficaz deve ser capaz de inspirar e motivar sua equipe, comunicar uma visão convincente do futuro e promover uma cultura organizacional que valorize a inovação, a colaboração e o aprendizado mútuo. Essa capacidade de liderança é essencial para engajar todas as partes interessadas e alinhar os esforços de transformação digital com os objetivos estratégicos da empresa.

Para navegar com sucesso na Indústria 4.0, o CIO deve possuir as seguintes características:

- **Visão estratégica:** capacidade de identificar oportunidades e desafios emergentes e traduzi-los em uma estratégia de tecnologia eficaz.
- **Liderança inspiradora:** motivar e unir equipes para alcançar objetivos comuns.
- **Expertise técnica:** profundo conhecimento das tecnologias relevantes para a Indústria 4.0.

- **Habilidades de comunicação:** comunicar-se de forma clara e concisa com *stakeholders* de todos os níveis da organização.
- **Agilidade e adaptabilidade:** capacidade de se adaptar rapidamente às mudanças e abraçar novas ideias.

As principais responsabilidades do CIO na Indústria 4.0 incluem:

- **Alinhamento estratégico:** o CIO deve garantir que a tecnologia esteja alinhada com os objetivos estratégicos da organização, utilizando-a como um catalisador para o crescimento e a inovação.
- **Governança de dados:** gerenciar e proteger dados de forma eficiente é primordial para o sucesso da Indústria 4.0. O CIO deve implementar políticas e procedimentos robustos para garantir a segurança, a confiabilidade e a qualidade dos dados.
- **Cibersegurança:** com o aumento da interconexão digital, a cibersegurança se torna uma prioridade fundamental. O CIO deve implementar medidas robustas para proteger os sistemas e dados da organização contra ataques cibernéticos.
- **Cultura de inovação:** fomentar uma cultura de inovação é essencial para o sucesso na Indústria 4.0. O CIO deve incentivar a criatividade, a experimentação e a colaboração entre as equipes.
- **Desenvolvimento de habilidades:** a Indústria 4.0 exige uma força de trabalho qualificada em novas tecnologias. O CIO deve investir no desenvolvimento de habilidades dos funcionários para garantir que estejam preparados para os desafios do futuro.

5.2. Liderança sob a perspectiva de Andy Grove

Andy Grove é amplamente reconhecido por suas contribuições para o desenvolvimento da indústria de tecnologia e suas perspectivas únicas sobre liderança e gestão. Suas ideias continuam relevantes na era da Indústria 4.0 e oferecem *insights* valiosos para CIOs que buscam se destacar em um ambiente de negócios cada vez mais complexo e competitivo.

Grove enfatizava a importância da execução eficaz, argumentando que uma estratégia brilhante é inútil sem uma implementação sólida. Na era da transformação digital, essa lição é mais relevante do que nunca. Os CIOs precisam ser capazes de transformar visões em realidade, mobilizando recursos, superando obstáculos e garantindo resultados tangíveis.

Além disso, *Grove* encorajava os líderes a aprenderem com o fracasso e a serem proativos na antecipação das mudanças do mercado. Na Indústria 4.0, onde a incerteza e a disrupção são constantes, essa capacidade de adaptação e resiliência é essencial para o sucesso a longo prazo.

5.3. Conclusão

O papel do CIO na Indústria 4.0 é decisivo para o sucesso das empresas no ambiente digital e altamente interconectado de hoje. Um CIO de sucesso deve ter uma combinação única de visão estratégica, adaptabilidade e liderança eficaz. Ao incorporar as perspectivas de líderes visionários como *Andy Grove*, os CIOs podem orientar suas organizações rumo ao sucesso em um mundo cada vez mais complexo e dinâmico, garantindo a prosperidade na era digital.

6. Carreira do CIO

Arthur De Santis

O CIO representa a liderança e a inovação na área de TI, a qual ganha cada vez mais relevância com o advento da transformação digital que se acelera em nossa sociedade.

E assim como a sociedade, o próprio papel de CIO também tem se transformado, o que se traduz em novos desafios, assim como novas e variadas oportunidades de carreira nessa área para todas as pessoas que assumirem um *mindset* de abertura e flexibilidade para com o mundo e o futuro.

E esse *mindset* de evolução leva à necessidade de que o CIO aprimore sua visão do mundo corporativo e, assim, seja capaz de se posicionar como um promotor da transformação.

No mundo moderno, o CIO já ultrapassou aquela visão tradicional de mera supervisão de sistemas e infraestrutura de TI, assumindo um protagonismo mais amplo e integral na estratégia de negócios e operações de uma empresa.

O CIO, portanto, passou a ser responsável por garantir que a tecnologia não somente suporte o negócio, mas também seja capaz de direcionar e impulsionar a empresa em direção à eficiência, à inovação e ao crescimento.

Essa evolução reflete a importância crescente da tecnologia na realização de objetivos de negócios e na criação de vantagem competitiva.

Assim, o papel do CIO é agora visto como um híbrido de liderança executiva e competência técnica, exigindo um profissional que possa traduzir as complexidades da tecnologia em soluções e estratégias de negócios viáveis, o que amplia o leque de possibilidades (e também da complexidade) da carreira.

De forma objetiva, o CIO não deve apenas orientar a área de tecnologia, mas atuar em conjunto com o *C-Level* e as demais áreas da organização em sua busca por alcançar e superar suas diretrizes de objetivos, metas e ambições, influenciando a estratégia global da empresa e impactando diretamente o valor entregue ao cliente final.

6.1. Os eixos de atuação e carreira de um CIO

A complexidade do ambiente onde os CIOs atuam aumentou consideravelmente com a evolução exponencial da nossa era digital, o que obviamente traz embutido um conjunto adicional de desafios e pré-requisitos desse papel.

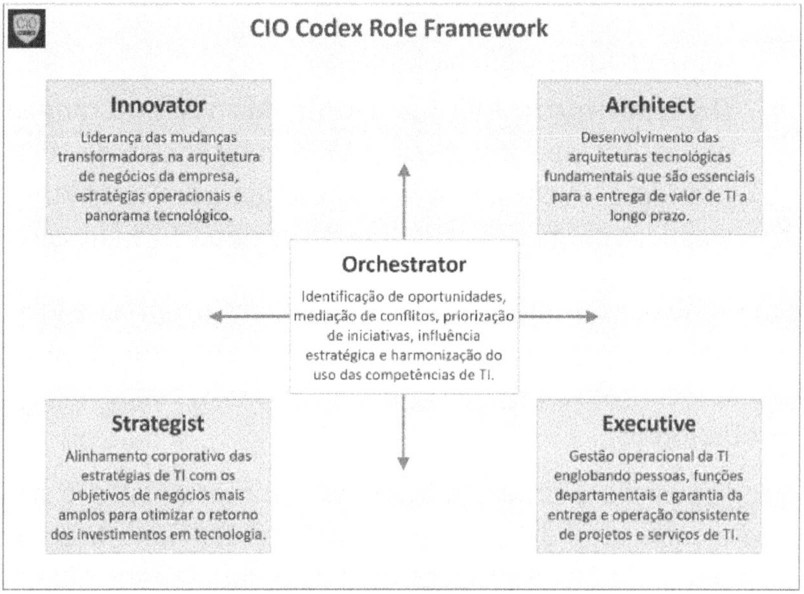

Figura 6.1. Eixos de atuação do CIO. Fonte: o autor.

Ao mesmo tempo, essa transformação digital também permitiu que fossem abertos novos caminhos de atuação pelos quais um CIO pode desenvolver a sua carreira.

Esses caminhos de atuação abrangem uma variedade de funções estratégicas e multidimensionais que podem ser organizadas em cinco eixos principais:

- ***Innovator:*** o CIO atua como um agente de mudança, incentivando a adoção de novas tecnologias e processos objetivando transformar a organização.
- ***Architect:*** responsável por estabelecer a arquitetura de TI, o CIO garante que as soluções tecnológicas estejam alinhadas com as necessidades e os objetivos da empresa e as melhores práticas do mercado.
- ***Strategist:*** este eixo enfoca o alinhamento entre estratégia de negócios e TI, buscando maximizar o retorno sobre os investimentos em tecnologia, tendo em vista os objetivos, as metas e as ambições da organização.
- ***Executive:*** engloba as responsabilidades operacionais do CIO, incluindo gestão da equipe de TI, gestão financeira,

compliance, assim como a gestão do nível de serviço de sistemas críticos para a empresa.

- ***Orchestrator:*** o CIO faz uso da sua visão abrangente das operações da empresa e das competências da tecnologia, usando essa perspectiva panorâmica para coordenar iniciativas estratégicas entre diferentes departamentos.

Cada um desses eixos possui características próprias e em muitos casos complementares, as quais requerem um conjunto de competências técnicas e comportamentais (*hard e soft skills*) específicos por parte dos profissionais.

A predisposição pessoal, o nível de aprimoramento e o próprio foco dado a cada uma dessas habilidades influenciam diretamente o escopo do papel do CIO e suas estratégias e abordagens para a evolução de carreira.

Adicionalmente, essa perspectiva mais panorâmica dos cinco eixos também estabelece uma visão a partir da qual outros líderes e executivos de TI podem aspirar seu crescimento profissional. Afinal, faz parte das atribuições de um CIO inspirar a sua equipe.

Dentre as suas diversas atribuições, o CIO é fundamental na construção de uma organização resiliente e ágil, capaz de responder rapidamente a mudanças de mercado e oportunidades de inovação.

Por meio da liderança tecnológica eficaz, os CIOs e seus colegas executivos de tecnologia são capazes de catalisar o crescimento e a transformação organizacional, criando um impacto de caráter mais perene, que vai além das métricas tradicionais de desempenho de TI.

Esse papel é um elo vital entre a tecnologia e os objetivos, metas e ambições estratégicas da empresa, influenciando diretamente a capacidade da organização de alcançar e sustentar o sucesso no ambiente empresarial volátil e competitivo de hoje.

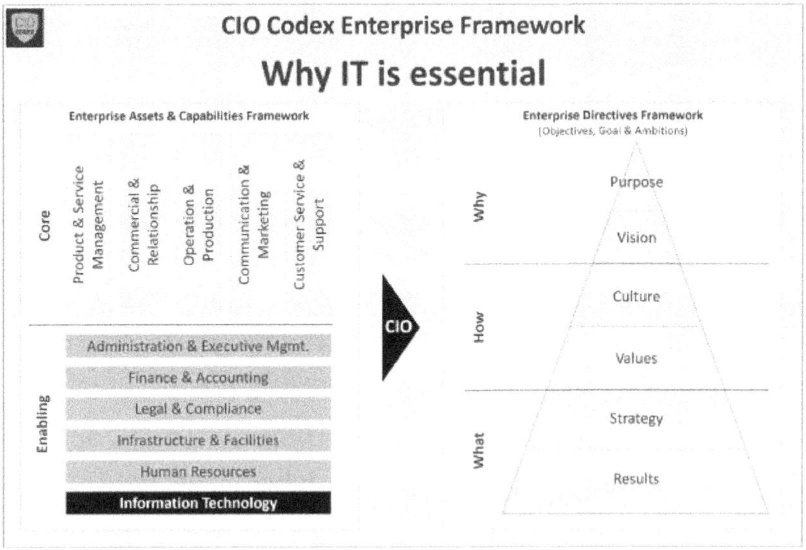

Figura 6.2. Por que a TI é essencial. Fonte: o autor.

A fim de facilitar o entendimento organizado desses objetivos, metas e ambições, podemos utilizar o diagrama apresentado do **CIO Codex Framework**, especificamente dentro do tópico "*Why IT is* essencial" – que busca explorar o porquê de a tecnologia ser cada vez mais essencial nessa nossa nova era digital.

No lado esquerdo da figura, dentro do mais puro espírito de não reinventar a roda, uma interpretação da famosa "Cadeia de Valor" do *Michael Porter*, onde podemos ver os principais ativos, as competências e as funções que usualmente compõem uma empresa.

Vale ressaltar que trata-se de uma visão genérica e, seguindo as boas práticas típicas de consultoria, "não exaustiva", sendo nesse caso focada primordialmente no setor de serviços.

Adicionalmente, ressalta-se que essa representação certamente possui as suas mais diversas variações de acordo com a indústria na qual a organização está inserida, assim como o quanto ela se enquadra mais no espectro "tradicional" ou "digital".

Nesse sentido, em uma empresa mais digital, muito provavelmente a caixa de "Tecnologia da Informação" seria deslocada da camada de "Enabling" para a camada "Core", afinal, faria parte da cadeia de valor primária da organização.

Essa visão da tecnologia dentro de um *framework* mais amplo, o da empresa, ajuda a, logo de largada, explicitar dois conceitos importantes.

Primeiramente que, assim como muitas das demais competências do diagrama, a competência de tecnologia usualmente é desempenhada em uma área específica. E, em segundo lugar, que a tecnologia faz parte do todo, ou seja, não deve ser considerada um fim em si mesmo.

Já à direita, o **CIO Codex Framework** inclui aquilo que ajuda a representar os componentes mais "intangíveis" de uma empresa, que são as suas diretrizes corporativas, organizadas enquanto objetivos, metas e ambições.

Por mais que uma empresa tenha seus componentes tangíveis, com áreas, pessoas e demais ativos, de nada adianta, pensando na sua existência de forma perene, se ela não tiver igualmente de forma clara suas diretrizes estabelecidas.

E essas diretrizes podem e devem ser organizadas em distintas camadas de importância e impacto de acordo com a perspectiva de curto, médio ou longo prazo para o sucesso da organização.

São infinitas as possibilidades de combinação de diretrizes para as empresas, da mesma forma que não existe uma única combinação de sucesso. Tudo depende do contexto histórico da empresa, do contexto de mercado em que ela está inserida, além do seu contexto de ativos e competências.

A entidade "cliente" não consta explicitamente como um componente da empresa, uma vez que ele é tratado como um ator externo, porém é diretamente referenciado em todos os demais componentes da empresa, dado que atendê-lo de forma a superar as suas expectativas é parte integrante das diretrizes corporativas.

Por sua vez, a composição de aspectos tangíveis e intangíveis é o que realmente permite responder de forma mais completa, ou se preferir, "suficiente", o porquê de uma área de tecnologia ser essencial para as empresas.

Entre os dois blocos, seguindo nessa linha de *drill-down*, existe um papel a ser desempenhado, o qual é chave para a execução das atividades de forma harmoniosa e em consonância com as demais áreas da empresa: o CIO.

Faz parte do papel do CIO auxiliar não apenas a área de tecnologia, mas todas as áreas da empresa em sua busca por alcançar e superar seus objetivos, suas metas e suas ambições.

Dessa forma, este modelo, além de estabelecer um senso de direção, também serve como um guia para a tomada de decisões e ações em todos os níveis da organização, não apenas por parte do CIO, mas por todo o *C-Level*.

Essas diretrizes são então organizadas dentro do conceito da pirâmide, que define o 'Porquê', o 'Como' e o 'O quê' da existência de uma empresa.

No topo desta pirâmide está o 'Propósito' (*Purpose*), seguido por 'Visão' (*Vision*) e 'Cultura' (*Culture*), ancorados em 'Valores' (*Values*), 'Estratégia' (*Strategy*) e 'Resultados' (*Results*).

Para que um CIO promova efetivamente essa pirâmide de diretrizes, ele deve operar utilizando alavancas específicas, estrategicamente posicionadas dentro dos seus domínios de atuação. Essas alavancas, quando adequadamente utilizadas, podem amplificar os esforços da TI e impulsionar a empresa na direção desejada. Elas são essenciais na execução da estratégia de TI e servem como guias para mudanças, inovação e otimização contínua.

As alavancas que um CIO possui estão justamente em linha com os cinco eixos de atuação apresentados anteriormente (*Innovator, Architect, Strategist, Executive e Orchestrator*), cada um contribuindo de maneira única para a promoção da pirâmide de diretrizes corporativas.

- Através do eixo ***Innovator***, o CIO pode fomentar a inovação e a transformação digital.

- Já como ***Architect***, ele pode desenhar infraestruturas ágeis e resilientes.
- Atuando como ***Strategist***, pode assegurar o alinhamento entre as iniciativas de TI e as estratégias de negócios.
- Como ***Executive***, tem a responsabilidade de gerir operações, talentos e recursos de forma eficiente.
- Na atuação como ***Orchestrator***, ele integra e harmoniza esforços de TI em toda a organização.

Ao se aprofundar em cada um desses eixos, é possível explorar as alavancas específicas que o CIO pode utilizar para liderar a organização em direção à realização de sua visão e ao cumprimento de seu propósito.

A abordagem estratégica na utilização dessas alavancas é o que pode posicionar a TI e o CIO como uma força propulsora para a concretização das aspirações mais elevadas da empresa.

6.2. Os desafios atuais

Dentro do cenário corporativo contemporâneo, o CIO enfrenta uma gama de desafios que reforçam a necessidade de uma capacidade adaptativa, sob a perspectiva da sua atuação multidimensional.

Esses desafios refletem a complexidade e a velocidade das mudanças tecnológicas, as demandas crescentes por inovação e a necessidade de alinhamento entre a tecnologia e as estratégias de negócios.

Lidar com esses desafios é essencial para garantir que o CIO possa desempenhar efetivamente seu papel como líder na era digital e avançar em sua carreira, seja qual for o caminho com que se identifique melhor.

Desafios enquanto um **CIO *Innovator:***

- **Acompanhar o ritmo da inovação**: manter-se atualizado com o rápido avanço das tecnologias emergentes e integrá-las de forma eficaz na estratégia empresarial.

- **Resistência à mudança:** superar a resistência interna às novas iniciativas tecnológicas e promover uma cultura de inovação.
- Desafios enquanto um **CIO *Architect:***
- **Complexidade tecnológica:** navegar pela crescente complexidade dos ecossistemas de TI e assegurar a interoperabilidade entre sistemas herdados e novas soluções.
- **Segurança e privacidade:** garantir a segurança da infraestrutura de TI contra ameaças cibernéticas e gerenciar riscos relacionados à privacidade de dados.

Desafios enquanto um **CIO *Strategist:***

- **Alinhamento estratégico de TI e negócios:** garantir que os investimentos em TI estejam diretamente alinhados com os objetivos estratégicos do negócio.
- **Transformação digital:** conduzir a transformação digital de forma holística, considerando tanto os aspectos tecnológicos quanto os culturais.

Desafios enquanto um **CIO *Executive:***

- **Talentos e competências:** atrair, reter e desenvolver talentos de TI em um mercado altamente competitivo.
- **Gestão orçamentária:** gerenciar orçamentos de TI em um ambiente de pressão para reduzir custos e aumentar a inovação e a eficiência operacional.
- **Adaptação à mudança:** adaptar-se rapidamente às mudanças do mercado e às disrupções tecnológicas, mantendo a continuidade dos negócios.
- **Sustentabilidade e responsabilidade social:** incorporar práticas sustentáveis e responsáveis em todas as operações de TI, promovendo a importância da diversidade de pensamento na inovação.

Desafios enquanto um **CIO *Orchestrator:***

- **Orquestração de tecnologia e processos:** integrar iniciativas de TI em toda a organização, garantindo que as tecnologias suportem as necessidades de todas as áreas de negócio.
- **Gestão de *stakeholders:*** gerenciar as expectativas e necessidades de uma gama diversificada de *stakeholders* internos e externos.

6.3. A principais tendências para o futuro

À medida que o ambiente empresarial continua a evoluir em um ritmo acelerado, o CIO precisa ser proativo (ao mesmo tempo que pragmático e seletivo) na adoção das tendências de mercado, aproveitando novas tecnologias e metodologias para impulsionar a transformação digital e garantir que a organização se mantenha competitiva.

Ao mesmo tempo, ele precisa ser ágil, pronto para ajustar as estratégias à medida que novas oportunidades e desafios emergem, algo que acontece de forma cada vez mais acelerada em cada um dos eixos de uma carreira multidimensional:

Tendências no eixo ***Innovator:***

- O CIO deve buscar parcerias externas, incluindo *startups,* universidades e *think tanks*, para fomentar a inovação aberta.
- A utilização estratégica de inteligência artificial e *machine learning* para automatizar processos e obter *insights* profundos de dados será uma competência central.

Tendências no eixo ***Architect:***

- Haverá um aumento na adoção de arquiteturas que combinam nuvem, borda e *fog computing* para otimizar o desempenho e a escalabilidade.
- As estratégias de segurança cibernética estarão integradas ao início do design da arquitetura, e não como uma reflexão tardia

- O foco na resiliência operacional e na continuidade dos negócios em face de interrupções será mais crítico do que nunca.

Tendências no eixo ***Strategist:***

- A capacidade de extrair valor de grandes conjuntos de dados para impulsionar decisões de negócios será determinante.
- As estratégias de negócio serão cada vez mais orientadas por capacidades tecnológicas avançadas.

Tendências no eixo ***Executive:***

- Descentralização da liderança de TI, com CIOs delegando mais poderes nas linhas de negócios.
- Investimento em aprendizado contínuo e desenvolvimento de habilidades para manter a equipe de TI na vanguarda da inovação tecnológica.
- As práticas de TI sustentáveis tornar-se-ão padrão, à medida que as empresas buscam reduzir sua pegada de carbono.
- A governança ética de dados ganhará maior relevância, com os CIOs na linha de frente para garantir a conformidade e a transparência.

Tendências no eixo ***Orchestrator:***

- CIOs orquestrarão cada vez mais ecossistemas digitais, integrando parceiros, fornecedores e clientes em uma plataforma de colaboração.
- Os CIOs desempenharão um papel fundamental na facilitação de ambientes de trabalho híbridos e distribuídos.
- Os CIOs se encontram em um momento em que as fronteiras entre tecnologia e negócios são cada vez menores, o que aumenta a necessidade de entender e adotar modelos de trabalho que integrem esses dois mundos.

6.4. Concluindo

A carreira de um CIO é cada vez mais complexa e se traduz em um papel multidimensional, integrando estratégia, inovação e gestão para alavancar as capacidades tecnológicas em alinhamento com os objetivos de negócios.

Isso pode ser mais facilmente entendido a partir de uma perspectiva que aborda seus principais eixos de atuação: *Innovator, Architect, Strategist, Executive* e *Orchestrator.*

O CIO moderno é um inovador que não tem medo de desafiar o status quo, um arquiteto que constrói sistemas de TI resilientes, um estrategista que alinha a tecnologia com a direção da empresa, um executivo que gere com eficiência e um orquestrador que une diferentes partes da empresa em direção a objetivos comuns.

A integração desses eixos reflete um CIO que é tanto um líder tecnológico quanto um parceiro impulsionador dos negócios na organização.

Para ser bem-sucedido em sua carreira, o CIO deve ter uma visão clara de futuro, uma capacidade de execução rigorosa, além de habilidade para harmonizar tecnologia com estratégia e execução dos negócios.

É uma jornada gratificante, especialmente se trilhada desde o início com uma preocupação genuína com o legado que se deixa para a organização a qual faz parte.

Isso inclui obrigatoriamente as pessoas com quem se trabalha. Afinal, quando se pensa no *bottom line*, tudo sempre é feito por e para pessoas, de forma que essa variável precisa sempre ser destacada dentro de qualquer equação em uma organização que busque o sucesso.

PARTE III. *LIFELONG LEARNING*

Organizador: Dalton Rocha

> *Pouco conhecimento faz com que as pessoas se sintam orgulhosas. Muito conhecimento, que se sintam humildes.*
>
> *Leonardo da Vinci*

Esta parte do livro aborda o aprendizado contínuo e alguns temas relevantes para o dia a dia do CIO/CTO, como gestão orçamentária, gestão de projetos, segurança, infraestrutura e governança de TI.

7. Segurança cibernética

Wilson Cristoni Neto

As tecnologias da informação transformaram radicalmente nossa maneira de interagir com o mundo. Hoje é possível realizar transações *on-line* de onde você estiver. Porém, esse crescimento trouxe consigo desafios significativos relativos à segurança cibernética, que cresceram assustadoramente. Dessa forma, a segurança da informação passa a figurar como uma das disciplinas mais relevantes que CEOs e CTOs devem considerar em suas operações. Em alguns segmentos, ela é a disciplina que mais transmite credibilidade e conforto aos clientes.

Como o tema é denso, complexo e dinâmico, só é possível entendê-lo, mesmo que de maneira superficial, se conseguirmos conceituar seus principais fundamentos e, por fim, detalharmos a importância da segurança cibernética na proteção de ativos de informação da empresa. Em outras palavras, tentaremos transmitir as principais ideias e conceitos para que qualquer líder de tecnologia esteja atento ao que é relevante e se aprofunde conforme necessário.

No contexto da segurança da informação, compreender os fundamentos de ameaças, vulnerabilidades e riscos é essencial para garantir a proteção eficaz dos ativos de informação de uma organização. As ameaças podem assumir várias formas, desde ataques de *hackers* até *malware* (software malicioso que tem por objetivo roubar dados, causar danos ou obter acesso a dados não autorizados) e *phishing* (técnica utilizada para obter informações, geralmente confidenciais, como senhas, através da engenharia social), e têm o potencial de causar danos ou comprometer a integridade dos dados. Por outro lado, as vulnerabilidades são falhas nos sistemas de informação que podem ser exploradas por essas ameaças, incluindo software desatualizado, configurações inadequadas e falhas na infraestrutura de rede. Por fim, os riscos cibernéticos referem-se à possibilidade de perda, dano ou impacto negativo para a organização devido à exploração dessas vulnerabilidades pelas ameaças. A gestão de riscos cibernéticos visa proteger os ativos de informação da empresa contra potenciais danos.

Duas estratégias de defesa proeminentes são a segurança em camadas e a abordagem zero *trust*. A segurança em camadas envolve a criação de um ambiente de defesa, onde múltiplas camadas de controles de segurança são aplicadas em diferentes níveis da infraestrutura de TI, incluindo *firewalls*, antivírus e sistemas de detecção de intrusões, com o objetivo de mitigar ameaças em várias frentes. Por sua vez, a abordagem *zero trust* parte da premissa de que nenhum usuário, dispositivo ou sistema deve ser confiado automaticamente, mesmo quando dentro do perímetro de rede. Em vez disso, cada solicitação de acesso é verificada e autorizada com base na identidade, no contexto e no risco associado, proporcionando um nível mais elevado de segurança e controle sobre o ambiente de TI. Entre as medidas de controle podemos citar as mais usuais, porém a lista a seguir está bem longe de ser exaustiva:

- **MFA (*Multi-Factor Authentication*)**: mecanismo que exige alguma coisa que o usuário possui (uma senha, um número aleatório, a iteração com algum aplicativo etc.) para liberar o acesso solicitado.
- **RBAC (*Role-Based Access Control*)**: processo que exige que cada usuário tenha o acesso mínimo suficiente para realizar suas funções. Geralmente há revisões periódicas desses acessos, para sempre garantir o mínimo. Há determinados segmentos, como o financeiro, cujas empresas seguem regulações, a exemplo da Lei Sarbanes-Oxley (SOX) nos Estados Unidos ou a GDPR (Regulamento Geral de Proteção de

Dados) na União Europeia, que definem requisitos relativos à gestão de acessos e segurança de dados para instituições financeiras.

- **Monitoramento e análise comportamental:** esse tipo de controle geralmente é implementado através de soluções que, de maneira contínua, monitoram o comportamento de usuários ou sistemas para detectar atividades suspeitas ou anomalias que indiquem violação de segurança.
- **Auditoria de registro de acessos:** todos os mecanismos, geralmente, registram *logs* para facilitar análise futura de qualquer ocorrência (ou suspeita) ou até mesmo auditoria dos processos de controle existentes.
- **Segmentação, ou microssegmentação, de redes:** é o isolamento completo do ambiente de desenvolvimento, teste e produção. Em alguns ambientes de processamento, a exemplo de *cloud computing*, geralmente é utilizada a microssegmentação, que isola e limita ainda mais os acessos de usuários e aplicativos. O objetivo desse mecanismo é limitar a zona de impacto, caso haja algum acesso indevido.
- **Criptografia de dados em repouso e em trânsito:** o uso de criptografia, seja em repouso (locais onde ficam armazenados) ou em trânsito (caminho percorrido pela informação desde sua entrada até que seja armazenada), é uma prática comum e bem popular no desenvolvimento de soluções.
- **Definição de senhas fortes:** políticas que exigem dos colaboradores, ou usuários, senhas mais difíceis de serem quebradas por força bruta. Elas são fundamentais para ajudar a diminuir o risco de comprometimento de credenciais.
- **Gerenciamento e guarda segura de credenciais e senhas:** esse mecanismo trata da definição de política, prática e processo para guarda segura de credenciais ou senhas de administração. As soluções mais comuns para esse fim são HashiCorp Vault, AWS Secret Manager, Google Cloud Secret Manager, Azure Key Vault, CyberArk Privileged Access Security, entre outras.

- **Aculturamento sobre desenvolvimento seguro:** treinar o pessoal sobre a importância de pensar em segurança durante o ciclo de desenvolvimento, incluindo ferramentas automáticas de validação de boas práticas de desenvolvimento (SAST e DAST). É um mecanismo básico necessário para qualquer empresa que deseja manter seus ambientes computacionais mais seguros e controlados. Isso, associado ao monitoramento comportamental constante, já citado anteriormente, é fundamental para entender se há inclusive gente da própria equipe interna envolvida em situações de incidentes ligados à segurança e ao vazamento de dados.
- ***Pentest* (ou teste de penetração):** é a prática de simular invasões nos sistemas da empresa, como se fosse um ataque real, para descobrir vulnerabilidades, apontá-las e resolvê-las. Há, inclusive, empresas que premiam profissionais que documentam e alertam sobre vulnerabilidades em suas soluções.
- **SOC (*Security Operations Center*)**: componente vital da infraestrutura de segurança da informação, responsável por monitorar, detectar, analisar e responder a incidentes de segurança em tempo real. As normas ISO, que serão citadas na próxima seção, recomendam o SOC como parte integrante da estrutura organizacional da empresa, com atribuições, responsabilidades e autoridades claramente definidas. As normas ainda enfatizam a importância da comunicação e colaboração eficazes entre o SOC e outras partes interessadas, incluindo alta administração, equipes de TI, equipes de desenvolvimento etc. O SOC deve monitorar de maneira proativa e contínua sistemas e redes da organização em busca de atividades suspeitas ou maliciosas, usando ferramentas como SIEM (*Security Information and Event Management*) e IDS/IPS (*Intrusion Detection and Prevention Systems*).

7.1. Normas

As boas práticas de gestão de segurança da informação normalmente são extraídas de normas, padrões ou *frameworks* difundidos. Abordaremos as principais normas de maneira bem resumida, para que cada leitor, conforme seu interesse, possa pesquisar mais detalhes, se assim desejar.

7.1.1 ISO/IEC 27001

Norma internacional que estabelece orientações e requerimentos para desenvolver, manter e evoluir a gestão de sistemas da informação. Talvez seja a norma mais difundida e utilizada entre as empresas e profissionais.

Entre outras coisas, são definidos:

- Aspectos ligados à proteção de ameaças.
- Processos para fazer a gestão baseada em riscos – incluindo identificação, avaliação e tratamento.
- Controles de segurança, que são divididos em políticas, gestão de acessos, criptografia e monitoramento. Geralmente as políticas estabelecem a responsabilidade dos administradores da empresa.
- Requisitos para obtenção da certificação ISO/IEC 27001, o que, além do benefício de proteção à empresa, geralmente evita problemas relativos ao não cumprimento às regulações ou até mesmo incidentes ligados a vazamento de dados.

A organização que busca implementar os padrões estabelecidos na ISO/IEC 27001 geralmente demonstra compromisso com a segurança dos ativos e a transparência na gestão de riscos ligados à segurança da informação.

7.1.2 ISO/IEC 27002

Anteriormente conhecida como ISO/IEC 17799 e BS7799-1, esta norma fornece diretrizes detalhadas para práticas de segurança da informação, oferecendo um guia com mais de 100 controles de segurança em diversas áreas (controle de acesso; segurança de ativos; segurança de pessoal; segurança operacional; segurança de comunicações e redes; aquisição, desenvolvimento e manutenção de sistemas; gestão de incidentes de segurança). Ela é frequentemente utilizada em conjunto com a ISO/IEC 27001, apresentada anteriormente. É uma norma importante que fornece diretrizes detalhadas e boas práticas para a implementação de controles de segurança da informação em uma organização, ajudando a proteger os ativos de informação contra ameaças de segurança e garantindo a conformidade com requisitos regulatórios e de segurança.

7.1.3 ISO/IEC 27005

Esta norma trata especificamente da gestão de riscos de segurança da informação, fornecendo orientações sobre como realizar avaliações de risco e implementar medidas para mitigá-los. É uma norma importante que ajuda a identificar e tratar os riscos associados aos ativos de informação e a garantir a proteção adequada contra ameaças de segurança. Frequentemente é utilizada em conjunto com a ISO/IEC 27001 e a ISO/IEC 27002.

7.1.4 NIST *Cybersecurity Framework* (CSF)

Desenvolvido pelo *National Institute of Standards and Technology* (NIST), dos Estados Unidos, o CSF fornece uma estrutura abrangente para organizações de todos os tamanhos e setores melhorarem sua postura de segurança cibernética. Ele aborda cinco áreas principais: identificar, proteger, detectar, responder e recuperar.

7.1.5 GDPR (Regulamento Geral de Proteção de Dados)

Aplicável a organizações que lidam com dados de cidadãos da União Europeia, o GDPR estabelece requisitos rigorosos para proteção de dados pessoais, incluindo segurança da informação, notificação de violações de dados e consentimento do titular dos dados.

7.1.6 PCI DSS (*Payment Card Industry Data Security Standard*)

Desenvolvido pelas principais bandeiras de cartões de pagamento, o PCI DSS estabelece requisitos para proteção de dados de cartões de pagamento e transações financeiras, incluindo controles de segurança da informação para organizações que processam, armazenam ou transmitem dados de cartões de pagamento.

7.1.7 HIPAA (*Health Insurance Portability and Accountability Act*)

Aplicável ao setor de saúde nos Estados Unidos, o HIPAA estabelece padrões para a proteção e segurança das informações de saúde do paciente, incluindo requisitos para controles de segurança da informação, privacidade e confidencialidade.

7.2. Tecnologias emergentes

É inevitável pensar como a inteligência artificial, em especial as LLMs (*Large Language Model*), pode ser uma aliada ou até mesmo uma inimiga dependendo do contexto e do uso. Outra tecnologia emergente, e que geralmente funciona como aliada, é a *blockchain*, pois através dessa forma distribuída e engenhosa é possível evitar que logs sejam fraudados e adulterados.

Dessa forma, a recomendação que vale é ser moderado no uso, até que o valor seja provado e que a própria cultura empresarial possibilite a escala e o uso.

8. Infraestrutura

Fabio Alves do Nascimento

A transformação digital redefine as fronteiras competitivas das empresas, tornando a infraestrutura tecnológica decisiva na arquitetura empresarial. A robustez, a escalabilidade e a segurança da TI determinam a eficiência operacional, a capacidade de inovação, a agilidade de resposta ao mercado e a sustentabilidade do crescimento.

Uma infraestrutura tecnológica sofisticada vai além da funcionalidade operacional, integrando-se estrategicamente aos objetivos de negócios. Executivos como CIOs e CTOs enfrentam o desafio de explorar as complexidades tecnológicas, compreendendo seu potencial transformador e integrando-o às estratégias empresariais para promover crescimento sustentável e diferenciado.

Literatura de negócios e tecnologia, como *The Digital Helix, de Michael Gale e Chris Aarons* (2017), destaca a infraestrutura tecnológica como catalisadora da transformação digital. A sinergia entre tecnologia e estratégia empresarial desbloqueia novos horizontes de valor, agilidade e inovação.

A infraestrutura tecnológica moderna é essencial em um ambiente cada vez mais digitalizado. Para líderes de tecnologia, compreender e navegar por esse domínio é uma oportunidade de definir o futuro de suas organizações.

8.1. *Datacenters*

Os *datacenters* são o coração da infraestrutura tecnológica, essenciais para armazenamento, processamento e disseminação de dados. Eles têm como finalidade agrupar e manter uma série de componentes de infraestrutura de TI para sustentar diversas aplicações e serviços, assim como os dados gerados em decorrência do seu uso. A centralização de todos estes componentes tecnológicos em um mesmo lugar otimiza a sua gestão, reduz custos e possibilita a aplicação de regras de segurança mais eficazes. Na era digital, a evolução dos *datacenters* reflete um paradigma de transformação contínua, adaptando-se às exigências de eficiência energética, capacidade de processamento e segurança.

8.1.1 *Datacenters* tradicionais

Historicamente, os *datacenters* surgiram como instalações dedicadas onde empresas hospedavam servidores e outros componentes críticos de TI. Esses ambientes, que exigiam grandes investimentos em hardware, espaço físico e energia, eram o núcleo operacional das organizações, permitindo armazenamento seguro e gestão de grandes conjuntos de dados. A manutenção dessas infraestruturas *on-premises* exigia atualizações constantes e estratégias de resfriamento, buscando equilibrar capacidade e eficiência.

8.1.2 Transição para soluções de *colocation*

Com as limitações dos *datacenters* tradicionais, a prática de *colocation* ganhou tração. Esse modelo permite que empresas aluguem espaço, energia e conectividade em *datacenters* compartilhados, administrados por terceiros. A adoção de *colocation* equilibra o controle sobre a infraestrutura de TI com a flexibilidade operacional, permitindo que organizações escalem suas necessidades de armazenamento e processamento sem os custos de manutenção de um *datacenter* próprio.

8.1.3 *Mainframes*: os mastodontes da era digital

Os *mainframes*, muitas vezes vistos como remanescentes de uma era pré-digital, continuam essenciais pela sua confiabilidade, segurança e capacidade de processamento massivo. Eles são fundamentais para operações críticas de instituições financeiras e entidades governamentais.

Apesar de rumores sobre sua obsolescência, os *mainframes* se adaptaram às demandas modernas de processamento de dados e TI. Sua habilidade para gerenciar grandes volumes de transações de forma segura e eficiente os torna indispensáveis em contextos onde a falha não é uma opção.

Na transformação digital, os *mainframes* se integram a tecnologias modernas como *cloud computing* e IA. Essa sinergia permite que organizações combinem a robustez dos *mainframes* com a flexibilidade das tecnologias emergentes.

8.2. Servidores: pilares da modernidade digital

Com a era digital, os servidores evoluíram para atender à crescente demanda por capacidade de processamento, eficiência energética e flexibilidade de utilização.

Inicialmente robustos e monolíticos, os servidores evoluíram para soluções modernas baseadas em *cloud* e virtualização. Essa diversificação reflete avanços tecnológicos e a necessidade de infraestruturas de TI mais ágeis e escaláveis.

8.2.1 Virtualização

A virtualização cria versões virtuais de recursos tecnológicos, como servidores e redes, permitindo múltiplas utilizações de um único hardware físico. Essa abstração proporciona eficiência no uso de recursos, redução de custos e agilidade na implementação de serviços e aplicações.

A virtualização revolucionou a gestão de infraestruturas de TI, substituindo o paradigma de "um servidor, um aplicativo" por ambientes onde múltiplas instâncias virtuais coexistem em um único hardware físico. Isso reduziu custos com equipamentos e energia e facilitou a gestão de *backups*, as implementações de segurança e a recuperação de desastres.

Além de otimizar o uso de hardware e simplificar a gestão de sistemas, a virtualização facilita a migração para modelos baseados em cloud, o desenvolvimento e o teste de aplicações em ambientes controlados e a continuidade de negócios.

8.2.2 *Cloud computing*

Cloud computing redefine o modelo tradicional de infraestrutura tecnológica. Recursos computacionais – incluindo servidores, armazenamento, bancos de dados, redes e software – são disponibilizados sob demanda pela internet, otimizando custos operacionais.

Existem três modalidades principais de serviço:

- ***Infrastructure as a Service* (IaaS):** fornece infraestrutura computacional virtualizada.
- ***Platform as a Service* (PaaS):** oferece um ambiente de desenvolvimento e implantação na nuvem.
- ***Software as a Service* (SaaS):** entrega aplicativos de software sob demanda.

Tendências emergentes em cloud computing:

- ***Multicloud e cloud híbrida:*** utilização de múltiplas nuvens públicas e privadas.
- ***Edge computing:*** processamento de dados próximo à fonte para reduzir latência e aumentar eficiência em aplicações sensíveis ao tempo.
- **Inteligência artificial** ***machine learning:*** integração de IA e ML, oferecendo ferramentas analíticas e de automação.

- **Soluções sustentáveis:** provedores buscam operar de forma mais ecológica para reduzir a pegada de carbono dos clientes.

A computação em nuvem continua a evoluir rapidamente, moldando o futuro da infraestrutura de TI com novas tecnologias e abordagens inovadoras.

8.2.3 Conteinerização

A conteinerização empacota o código de uma aplicação com todas as suas dependências em contêineres autossuficientes, garantindo execução consistente em qualquer ambiente. Diferentemente da virtualização tradicional, os contêineres compartilham o mesmo sistema operacional do *host*, eliminando a necessidade de instâncias de sistemas operacionais completos para cada aplicação e reduzindo o *overhead* de recursos.

A adoção da conteinerização transformou o ciclo de vida do desenvolvimento de *software*, facilitando a integração contínua e a entrega contínua (CI/CD) através da automatização do pipeline de desenvolvimento. A portabilidade dos contêineres simplifica os processos de teste e implantação, permitindo que os desenvolvedores se concentrem na otimização das aplicações, em vez de lidar com inconsistências de ambientes.

A conteinerização está ligada à evolução das arquiteturas *cloud native*, onde aplicações são projetadas para aproveitar vantagens dos ambientes baseados em nuvem, como elasticidade, escalabilidade e resiliência.

8.3. Redes

A evolução das redes, desde conexões *dial-up* até fibras ópticas e 5G, ampliou a capacidade, a velocidade e a abrangência das comunicações, facilitando a hiperconectividade global. Gerenciar redes em ambientes híbridos e *multicloud* apresenta desafios em termos de segurança, continuidade e desempenho. Ferramentas de monitoramento avançadas, inteligência artificial para análise preditiva e soluções de segurança cibernética são essenciais para garantir operações eficientes e proteger dados sensíveis.

8.4. Soluções de armazenamento

Com o aumento dos dados gerados pelas organizações, a necessidade de sistemas de armazenamento eficientes, seguros e escaláveis é evidente.

O armazenamento evoluiu de fitas magnéticas e HDDs para SSDs e soluções baseadas em nuvem, melhorando capacidade, desempenho e confiabilidade.

A digitalização e a IoT aumentaram os dados, criando desafios para armazenar, acessar e proteger informações. As organizações precisam planejar e adotar tecnologias avançadas de *storage*.

As soluções incluem opções *on premises*, nuvem e arquiteturas híbridas. O armazenamento em nuvem oferece escalabilidade, flexibilidade e modelos de pagamento conforme o uso. Soluções definidas por software (SDS) e infraestruturas hiperconvergentes promovem agilidade e eficiência.

Devido às preocupações com a segurança dos dados e leis rigorosas como GDPR e LGPD, as soluções de armazenamento devem incluir segurança robusta e criptografia. Estratégias de *backup*, recuperação de desastres e políticas de governança de dados são essenciais para proteger a integridade e a disponibilidade dos dados empresariais.

8.5. Segurança cibernética e infraestrutura

A proteção eficaz da infraestrutura tecnológica baseia-se em três pilares:

- **Pessoas**: conscientização e formação contínua em segurança cibernética são cruciais para fortalecer a defesa contra ataques. O comportamento dos usuários pode mitigar ou multiplicar os riscos, tornando a educação em segurança uma prioridade.
- **Processos:** políticas de segurança rigorosas, governança de dados e resposta a incidentes são essenciais para prevenir ameaças e minimizar o impacto de violações. Auditorias regulares e testes de penetração são vitais para identificar e corrigir vulnerabilidades.
- **Tecnologia:** soluções tecnológicas avançadas, como firewalls de próxima geração, sistemas IDS/IPS, criptografia de dados e plataformas de segurança baseadas em IA, são necessárias para proteger a infraestrutura contra ataques cibernéticos.

8.6. Site *Reliability Engineering*

O Site *Reliability Engineering (SRE)*, criado pelo Google, é uma filosofia transformadora na gestão da infraestrutura tecnológica, combinando engenharia de software com operações de sistemas para garantir alta disponibilidade e confiabilidade dos serviços digitais.

O SRE aplica princípios de engenharia para resolver problemas operacionais e melhorar a confiabilidade dos sistemas. Isso inclui automação de processos, prevenção e resposta a incidentes, e uma cultura de aprendizado contínuo. Um conceito central é o "orçamento de erro", que permite uma certa quantidade de falhas para incentivar inovação e riscos calculados, mantendo a integridade dos sistemas.

O SRE faz a ponte entre desenvolvimento e operações (*DevOps*), assegurando que aplicações e serviços sejam confiáveis e escaláveis. Engenheiros de confiabilidade codificam a infraestrutura, automatizam tarefas operacionais, monitoram desempenho e respondem proativamente a interrupções, minimizando o impacto nos usuários e no negócio.

Com a crescente dependência de serviços digitais, a demanda por sistemas confiáveis aumenta. Ao equilibrar inovação com estabilidade, o SRE otimiza a operacionalidade dos sistemas existentes e pavimenta o caminho para novas tecnologias e arquiteturas no futuro digital.

8.7. Novas tecnologias

- A computação quântica, baseada na mecânica quântica, promete resolver problemas complexos além das capacidades dos computadores clássicos, impactando criptografia, modelagem molecular e otimização de algoritmos. Embora em estágios iniciais, exige reavaliação das práticas de segurança cibernética e inovação em algoritmos.
- A tecnologia *blockchain* revoluciona a segurança, confiabilidade e transparência das transações. Aplicações incluem cadeias de suprimentos rastreáveis, contratos inteligentes e sistemas de votação seguros, oferecendo um novo nível de confiança nas operações digitais.
- SDN e NFV transformam a gestão e operação de redes. Desacoplando o plano de controle do hardware, permitem uma gestão dinâmica da largura de banda e de recursos de rede.
- As redes 5G (quinta geração) inauguram uma nova era em conectividade móvel, com velocidades ultrarrápidas, capacidade ampliada e latência mínima. Outras características do 5G são a maior confiabilidade e estabilidade de conexão. Esta nova tecnologia possibilita novas aplicações móveis e fixas, como veículos autônomos, fábricas inteligentes, telemedicina e realidade aumentada/virtual.

9. Governança de TI

Dalton Rocha

Ao longo das três últimas décadas a definição de governança de TI evoluiu em decorrência de diversos fatores, principalmente o melhor entendimento da sua finalidade dentro da estrutura organizacional e a evolução tecnológica dos softwares/hardwares.

De acordo com Nada Korak-Kakabadse e Andrew Kakabadse (2001), "a governança de TI se concentra na estrutura das relações e processos a desenvolver, dirigir e controlar os recursos de TI de modo a atingir os objetivos da empresa, gerando valor por suas contribuições, que representam um equilíbrio entre risco e retorno sobre recursos de TI e seus processos".

Desta forma, a governança de TI se aplica às organizações do setor público e privado de forma a garantir que as suas estruturas de TI suportem os objetivos organizacionais e atenda às suas próprias necessidades de controle. A implementação de um programa abrangente de governança de TI requer muito tempo e esforço, devendo ao mesmo tempo ser dinâmico, de forma a se manter alinhado aos objetivos empresariais e a atender às regulamentações.

9.1. E a governança corporativa?

O IBGC (Instituto Brasileiro de Governança Corporativa) descreve a governança corporativa como "um sistema formado por princípios, regras, estruturas e processos pelo qual as organizações são dirigidas e monitoradas, com vistas à geração de valor sustentável para a organização, para seus sócios e para a sociedade em geral. Esse sistema baliza a atuação dos agentes de governança e demais indivíduos de uma organização na busca pelo equilíbrio entre os interesses de todas as partes, contribuindo positivamente para a sociedade e para o meio ambiente" (IBGC, 2023).

A área de TI, de forma geral, é responsável por fornecer tecnologia para a sustentação da governança corporativa. Podermos afirmar que a governança corporativa e a governança de TI convergem para que a organização cumpra com os seus objetivos e responsabilidades de forma eficiente, transparente e mensurável, através do **alinhamento estratégico.**

Existem diversos *frameworks* dedicados a ajudar as organizações na estruturação de um programa de governança de TI. Alguns modelos se tornaram tradicionais e foram amplamente adotados pelas organizações ao redor do mundo, permitindo a estruturação de um Plano Diretor de Informática (PDI) ou um Plano Estratégico de TI.

9.2. Alinhamento estratégico

O sucesso das empresas está diretamente ligado à tomada de decisão, focada na sua estratégia para atingir seus objetivos e metas.

Dessa forma, o sucesso inevitavelmente depende de alinhamento estratégico das áreas de negócios com a área de TI. Tanto a governança corporativa quanto a governança de TI devem estar focadas nos objetivos estratégicos da organização.

Além do foco que a TI deve ter para suportar as diversas áreas da organização no cumprimento dos seus objetivos, a própria TI deve olhar para si com o mesmo foco, ou seja, a TI suporta a organização assim como se autossustenta, na medida em que deve manter os seus processos e serviços dentro de padrões aplicados às outras áreas.

Assim, a TI não é apenas um fornecedor de serviços para as demais áreas da organização. As lideranças de TI devem ter um papel decisivo na definição e no planejamento das estratégias corporativas, não apenas visando o dimensionamento do impacto das decisões sobre a operação de TI mas também como fonte de ideias e soluções que facilitem e garantam o atingimento dos objetivos. A definição e o acompanhamento de métricas e indicadores relevantes ajudam a medir o impacto das decisões estratégicas. Isso permite uma avaliação contínua do progresso de decisão e aplicação das estratégias em relação ao atingimento dos objetivos empresariais.

Ao seguir essas práticas, os líderes de TI podem contribuir significativamente para o sucesso da organização.

9.3. Estruturação da governança de TI

Como vimos, a governança de TI deve estar alinhada com os objetivos de negócio da corporação e deve garantir que os investimentos de TI estejam voltados para o cumprimento das metas estabelecidas.

Sugerimos aqui alguns frameworks reconhecidos internacionalmente para facilitar o gerenciamento e o controle da TI. A escolha deve considerar vários aspectos, como tipo de negócio, nível de maturidade em termos de processos, disponibilidade de recursos financeiros e humanos, entre outros. Os modelos mais tradicionais e reconhecidos incluem:

- ***Information Technology Infrastructure Library***. Desenvolvido no Reino Unido, a ITIL® é um conjunto de práticas que abrange diversos aspectos do gerenciamento de serviços de TI. Ele oferece orientações sobre a entrega de serviços de qualidade, alinhamento com as necessidades do negócio, gerenciamento de incidentes, problemas, mudanças e outros processos fundamentais.

- ***Control Objectives for Information and Related Technologies.*** Desenvolvido pela ISACA (*Information Systems Audit and Control Association*), o COBIT® se concentra na governança, no gerenciamento de riscos e na conformidade, abordando a relação entre os objetivos de negócios e os objetivos de TI.
- ***Project Management Body of Knowledge.*** Embora seja mais focado em gerenciamento de projetos, o *PMBOK Guide®*, desenvolvido pelo PMI (*Project Management Institute*), oferece diretrizes para o gerenciamento eficaz de projetos de TI.
- ***Scaled Agile Framework. O SAFe® é um framework*** criado por Dean Leffingwell para implementar boas práticas ágeis em empresas.
- ***Scrum.*** O *Scrum*, que é uma das mais populares metodologias ágeis para equipes que precisam colaborar em diversas atividades, é frequentemente utilizado em projetos que requerem coordenação de diferentes tarefas ao mesmo tempo. Apesar de ter sido apresentado em 1995, o Scrum já estava sendo aplicado e tem melhorado até os dias atuais.
- ***Capability Maturity Model Integration.*** CMMI, como o próprio nome diz, é um modelo contendo um conjunto de práticas que servem de referência para que empresas de diversas áreas de atuação possam melhorar o desempenho dos processos. É muito comum em TI a aplicação do CMMI no desenvolvimento de software, que é apenas um dos domínios (CMMI Desenvolvimento, *Dev*) aplicáveis. O CMMI define o estágio ou nível de maturidade organizacional que uma empresa pode alcançar. O CMMI estabelece cinco níveis de maturidade. Tudo começa no nível 1, avançando para os níveis 2, 3, 4 até chegar no nível 5.

Esses *frameworks* convencionais oferecem diretrizes específicas sobre diversas áreas de TI. Eles também podem se adaptar às necessidades da organização. São ferramentas essenciais para manter uma estrutura de governança eficiente e dentro dos padrões de melhores práticas.

9.4. ESG (ambiental, social e governança) na governança de TI

ESG mede o impacto social e de sustentabilidade da atividade das empresas. A TI também deve agir de forma responsável, mitigando o impacto das suas atividades para o ambiente e a sociedade em geral, ou seja, deve adotar uma abordagem estratégica para alinhar as práticas de TI aos princípios de sustentabilidade e responsabilidade social.

9.4.1 Ambiental (E – *Environment*) – Estratégias para redução do impacto ambiental (*Green IT*)

A Green IT é a adoção de práticas sustentáveis, como a compra de equipamentos com eficiência energética, o descarte responsável de hardware obsoleto e a otimização do consumo de energia em todos os dispositivos de TI.

a) **Emissões de carbono.** Práticas como a utilização de fontes de energia renovável, uso de resfriamento eficiente, virtualização de servidores ou implementação de arquiteturas mais eficientes em termos energéticos são exemplos que contribuem para a redução das emissões.

b) **Compras sustentáveis.** Outro critério que deve ser incorporado às práticas de TI é a seleção de fornecedores que adotem práticas sustentáveis no seu processo de produção. Tanto a eficiência energética quanto a reciclagem e o descarte responsável de resíduos eletrônicos são fundamentais para a redução do impacto ambiental em toda a cadeia de suprimentos de TI.

c) **Certificações ambientais.** Adote padrões ambientais reconhecidos na área de TI, como o *Energy Star* para equipamentos eletrônicos e certificações específicas para práticas sustentáveis em *datacenters*.

d) **Gestão de resíduos eletrônicos.** Implemente processos internos de gestão responsável de resíduos eletrônicos, incentivando a reciclagem de equipamentos obsoletos e evitando a disposição inadequada de componentes eletrônicos, principalmente baterias.

9.4.2 Social (S) – Inclusão social e diversidade

A inclusão social e a diversidade são fundamentais para promover ambientes de trabalho mais inovadores, criativos e éticos. A área de TI deve fomentar e valorizar a diversidade, promovendo o respeito mútuo e a criação um ambiente inclusivo, onde todos se sintam bem-vindos e valorizados.

A diversidade contribui com a criação de novas ideias, resolução de problemas e desenvolvimento de soluções tecnológicas mais amplas. A seguir, citamos exemplos de estratégias que promovem a inclusão social e a diversidade:

a) **Políticas.** A organização deve promover contratação equitativa, oportunidades iguais de desenvolvimento profissional e de crescimento, políticas antidiscriminação das minorias etc.

b) **Recrutamento.** Os processos de recrutamento devem garantir a imparcialidade e a inclusão. Uma prática que ajuda muito é realizar a seleção com base em critérios técnicos, evitando o contato visual com o candidato nas primeiras entrevistas, assim como perguntas como idade, raça, convicção religiosa, se pretende se casar ou ter filhos etc.

c) **Flexibilidade no trabalho.** Atualmente esse tema tem gerado muita discussão. O avanço tecnológico e a maturidade do tema têm possibilitado o trabalho remoto ou híbrido em boa parte das funções nas organizações, porém ainda há atividades primordialmente presenciais. É fundamental que a

TI implemente políticas equilibradas que contemplem cada situação, evitando a evasão de profissionais e eventual dificuldade no recrutamento.

d) **Liderança inclusiva.** Não basta apenas ter um processo de recrutamento inclusivo, a inclusão também se dá no nível das lideranças. A TI deve assegurar que os seus líderes sejam sensíveis às questões de diversidade e promovam práticas inclusivas em suas equipes.

e) **Código de ética e conduta.** A criação de um código de ética e conduta corporativo, que oriente o comportamento dos colaboradores e das lideranças, garante que todos estejam cientes das expectativas da organização quanto às questões éticas e morais. Os itens relacionados à diversidade devem estar claramente descritos.

9.4.3 Governança (G) – Alinhamento dos princípios de governança de TI com as diretrizes ESG

Citaremos a seguir como os princípios de governança de TI podem ser alinhados com as diretrizes ESG.

- **Transparência e prestação de contas**. As lideranças de TI devem ser transparentes em relação às suas ações, comunicando de forma clara e objetiva o que fazem e o que deixam de fazer, agindo de forma diligente e responsável dentro de suas funções. A governança de TI deve realizar auditorias e fornecer relatórios, indicadores e informações relevantes, não somente aquelas exigidas por lei. Deve abranger o desempenho financeiro e outros aspectos que guiam a gestão e indicam a direção em relação às metas corporativas e de TI.
- **Riscos ESG.** Gerenciar os riscos de governança envolve realizar avaliações de riscos específicas para identificar potenciais impactos ambientais, sociais e de governança relacionados às atividades de TI.

- **Segurança da informação.** A segurança cibernética é um conjunto de práticas com vistas à proteção de ativos, como sistemas, computadores, redes e programas contra ataques e ameaças cibernéticas em geral, geralmente externas à organização.
- **Normas e regulamentações – *Compliance.*** A governança de TI deve garantir o cumprimento de normas e regulamentações relacionadas à TI. Os instrumentos normativos orientam as empresas no estabelecimento de medidas de segurança, garantindo a proteção dos dados e a conformidade com as regulamentações vigentes.

9.4.4 Desafios na implementação da governança de TI com ESG

As questões ESG muitas vezes são complexas e envolvem uma série de fatores inter-relacionados que podem dificultar a implementação dos objetivos ESG pelos gestores da organização, não apenas de TI. Um outro desafio é que a ESG está em constante evolução, o que exige das organizações capacidade de adaptação e de resposta rápida às mudanças que surgirem.

A resistência à mudança e as barreiras culturais são desafios comuns enfrentados durante a implementação da governança de TI com foco em ESG. Muitos colaboradores podem não ter familiaridade com os conceitos de ESG. Se as lideranças não tratarem das mudanças de maneira inspiradora, os colaboradores podem não se sentir motivados a abraçar a causa.

10. Gestão orçamentária

Paulo Cesar Imelk

Uma boa gestão orçamentária de tecnologia busca equilibrar de maneira estratégica as despesas operacionais (OPEX) e as despesas de capital (CAPEX). Além disso, deve priorizar a otimização de recursos. Isso inclui a implementação de práticas eficientes, como automação de processos, para maximizar a eficiência operacional e reduzir desperdícios.

O Retorno sobre o Investimento (ROI) é um foco central. Cada decisão de investimento em tecnologia é orientada pelo potencial retorno que pode gerar. Mensurar e avaliar consistentemente o impacto financeiro e operacional dos projetos de TI é importante para garantir que o valor adicionado justifique os custos.

Gestores de TI precisam realizar avaliações regulares do desempenho financeiro e operacional dos projetos, ajustando o orçamento com base nos resultados obtidos e em mudanças no cenário tecnológico ou organizacional.

Além disso, a gestão orçamentária de tecnologia deve envolver ativamente os *stakeholders*. Uma comunicação transparente sobre os planos orçamentários, os benefícios esperados e os riscos associados é fundamental para o entendimento e o apoio dos envolvidos.

10.1. OPEX e CAPEX em projetos de TI: uma abordagem holística

A diferença fundamental entre OPEX (despesas operacionais) e CAPEX (despesas de capital) reside no tipo de gasto e no momento em que os benefícios associados a esses gastos são realizados.

OPEX refere-se a despesas operacionais contínuas e imediatas para manter as operações diárias de uma organização. Esses custos estão relacionados à execução contínua das atividades e incluem, por exemplo, salários, aluguel, manutenção, serviços contínuos e outros custos necessários para a operação normal do negócio. Os benefícios do OPEX são geralmente imediatos e percebidos a curto prazo, alocados contabilmente diretamente em despesas.

Por outro lado, CAPEX diz respeito a despesas de capital, que são investimentos em ativos de longo prazo, com benefícios que se estendem ao longo do tempo, destinados a melhorar a capacidade operacional da organização. Exemplos de CAPEX incluem aquisição de equipamentos, desenvolvimento de software, construção de instalações e outros investimentos significativos. Os benefícios do CAPEX são realizados ao longo do tempo, contribuindo para o crescimento e a eficiência a longo prazo da organização.

No entanto, a verdadeira essência está no equilíbrio adequado dessas categorias de despesas. Não se trata apenas de entender as diferenças, mas de aplicar uma abordagem holística que leve em consideração não apenas os custos imediatos, mas também o impacto a longo prazo no desempenho financeiro e operacional.

Examinar os riscos e benefícios associados a OPEX e CAPEX é primordial para uma boa estratégia de gestão orçamentária de longo prazo. O OPEX resulta em custos contínuos, enquanto CAPEX representa um investimento inicial significativo, mas que proporciona benefícios a longo prazo. Importante avaliar e conhecer o ramo empresarial em que está inserido, para adequar o uso que melhor beneficia a empresa. Existem ramos onde quanto mais ativo (CAPEX) melhor; já outros segmentos preferem as despesas (OPEX) recorrentes e não possuem necessidade de ativo.

10.2. Estratégias para redução de custos em projetos de TI

Uma abordagem eficaz para reduzir custos inclui a identificação de áreas de otimização, implementação de práticas de eficiência e negociação de contratos favoráveis, além do equilíbrio junto aos objetivos estratégicos da organização e às áreas de negócio.

A primeira etapa da estratégia consiste em uma avaliação minuciosa dos processos de TI e das áreas de negócio, com o objetivo de identificar gargalos, redundâncias e oportunidades de otimização. Essa análise detalhada permite avaliar o uso eficiente dos recursos atuais e identificar tecnologias alternativas que possam gerar economia. Além disso, todas as ações necessitam estar alinhadas com a estratégia geral da empresa, considerando tanto os custos operacionais do dia a dia quanto os investimentos de longo prazo. Essa abordagem garante que as medidas de redução de custos contribuam para o sucesso do projeto como um todo.

Explorando as práticas de eficiência, o foco recai sobre a implementação de medidas que otimizem o uso de recursos em projetos de TI. Isso inclui a automação de tarefas repetitivas, a consolidação de servidores, a virtualização de recursos e a adoção de métodos ágeis de desenvolvimento. A eficiência operacional é destacada como uma aliada poderosa na redução de custos, assegurando que a entrega de projetos permaneça eficaz e dentro do orçamento estipulado. Essas práticas não apenas reduzem despesas como contribuem para a agilidade e adaptabilidade dos projetos de TI.

Estratégias para negociar contratos favoráveis com fornecedores podem ser consideradas, incluindo a revisão de acordos existentes, a busca por ofertas competitivas e a incorporação de cláusulas flexíveis. A manutenção de parcerias colaborativas com fornecedores é enfatizada, visando benefícios a longo prazo e garantindo que as relações contratuais sejam mutuamente vantajosas.

A gestão de despesas em projetos de TI é um processo contínuo, não uma ação pontual. A importância da avaliação contínua é destacada, incentivando o monitoramento regular das estratégias implementadas. Em muitas empresas é comum ter um setor especificamente para isso ou uma equipe de governança de TI.

Ao integrar essas estratégias de forma coesa e contínua, as organizações podem reduzir custos de maneira sustentável.

A análise de tendências e padrões representa uma prática valiosa para a otimização do orçamento de TI. Ferramentas de análise de dados podem ser aplicadas para identificar padrões de consumo, antecipar demandas e facilitar decisões informadas sobre alocação de recursos.

Métricas podem ser utilizadas para medir a eficiência operacional e o impacto dos projetos de TI. Cada organização conhece melhor suas métricas, mas as comumente usadas são ROI, custo por item vendido, custo por colaborador, custo por incidente, custo de indisponibilidade, dentre outras.

Os custos ocultos podem representar um desafio significativo para a otimização do orçamento de TI. Custos não aparentes, como de manutenção, atualização e treinamento, devem ser levados em consideração.

10.3. Estruturando *business cases* para obtenção de investimentos em TI

A estruturação de um *business case* para obtenção de investimentos em TI exige uma abordagem cuidadosa e estratégica. É necessário convencer os *stakeholders* da necessidade e viabilidade do investimento em projetos de TI.

Um *business case* eficaz para investimentos em TI deve começar com uma introdução impactante, que capte a atenção dos *stakeholders* desde o início. Essa introdução deve destacar a relevância do projeto para os objetivos estratégicos da organização, destacando o valor que a iniciativa trará. Uma visão clara e inspiradora do impacto positivo do projeto cria uma base sólida para a argumentação que se seguirá.

Após a introdução, é essencial estabelecer claramente os objetivos do projeto. Isso inclui definir metas específicas, mensuráveis, alcançáveis, relevantes e com prazo definido (SMART). Os *stakeholders* precisam compreender o propósito do projeto e como ele se alinha com a visão e missão mais amplas da organização. A clareza na definição de objetivos ajuda na compreensão compartilhada e estabelece critérios objetivos para avaliar o sucesso do investimento.

A seção seguinte do *business case* deve abordar a análise de custo-benefício. Isso inclui a estimativa dos custos associados ao projeto, como desenvolvimento, implementação, treinamento e manutenção, e a projeção dos benefícios esperados. A análise de custo-benefício permite que os *stakeholders* avaliem se o investimento proposto oferece um retorno significativo e alinhado com os objetivos estratégicos da organização.

A mitigação de riscos também deve ser cuidadosamente abordada no *business case*. Isso envolve a identificação e avaliação dos principais riscos associados ao projeto de TI.

A abordagem técnica do projeto também deve ser detalhada no *business case*. Isso inclui a descrição da arquitetura proposta, a escolha de tecnologias, o plano de implementação e as integrações necessárias com sistemas existentes. A apresentação de uma abordagem técnica adequada tranquiliza os *stakeholders* quanto à viabilidade do projeto e demonstra um entendimento profundo dos requisitos e desafios técnicos.

A viabilidade financeira do projeto também deve ser respaldada por uma análise de retorno sobre investimento (ROI). A projeção clara dos benefícios financeiros esperados, como economias de custo, aumento de receitas ou eficiências operacionais, é determinante para persuadir os *stakeholders* da vantagem financeira do investimento. A apresentação de um cálculo de ROI robusto, baseado em dados realistas e premissas claras, fortalece a credibilidade do *business case.*

Além disso, a estratégia de implementação do projeto deve ser delineada, incluindo o cronograma proposto, os marcos importantes e os recursos necessários. Uma visão detalhada do plano de execução fornece uma compreensão clara de como o projeto será conduzido e permite aos *stakeholders* avaliar a viabilidade e a eficiência da implementação. Mesmo que usemos métodos ágeis, devemos mostrar os principais marcos e entregáveis do projeto ao longo do tempo.

Finalmente, o *business case* deve concluir com uma síntese concisa e persuasiva, reafirmando os principais pontos de vantagem, a viabilidade do projeto e os benefícios que ele trará. Uma conclusão impactante ajuda a consolidar a mensagem e a reforçar a necessidade do investimento.

Um *business case* para obter investimentos em TI requer objetivos claros, análise custo-benefício, mitigação de riscos, cuidados com a abordagem técnica, projeção do ROI, uma estratégia de implementação e uma conclusão persuasiva.

11. Gestão de projetos

Betsy Ferreira
Alexandre Caramelo

Com organização e tempo, acha-se o segredo de fazer tudo e bem feito.

Pitágoras

Não existe TI sem projeto. Toda tecnologia depende de regras, configurações, do claro entendimento de quem vai utilizá-la, entre tantos outros requisitos e providências para que seja aproveitada ao máximo. Da solução mais simples à mais complexa, qualquer iniciativa sempre exigirá um bom planejamento e uma execução bem gerenciada.

Outro aspecto igualmente importante é ter perspicácia para não creditar o sucesso na gestão de projetos à prescrição, muitas vezes quase dogmática, de que só existe uma forma de entregar projetos bem-sucedidos. A compreensão do real significado de *"one size does not fit all"* é especialmente relevante em projetos. Em um passado não muito distante, o preditivo era a única forma de se conduzir qualquer iniciativa. Com a onda da agilidade transbordando do desenvolvimento de software para as demais indústrias, todos podem se permitir trabalhar de forma mais adaptativa ao contexto da organização, da solução pretendida e do time disponível.

Em muitos casos, a estratégia mais objetiva será abordar o problema e a provável solução de forma híbrida. Ou seja, buscar o pragmatismo e a previsibilidade mediados pelas abordagens preditivas e combiná-las às iterações curtas, aprendizagem e adaptabilidade trazidas pelas muitas cepas de abordagens ágeis. Tal combinação potencializa o tratamento de componentes adaptativos dentro de iniciativas preditivas e vice-versa, já que programas de transformação digital são pesadamente calcados em mudança organizacional (o tal do *mindset* da transformação ágil e digital) com alguns elementos de contornos tradicionais como os *upgrades* ou readequação de infraestrutura, por exemplo. Como se pode depreender da imagem a seguir, há quatro possibilidades bem interessantes onde o híbrido se sobressairá às abordagens isoladas.

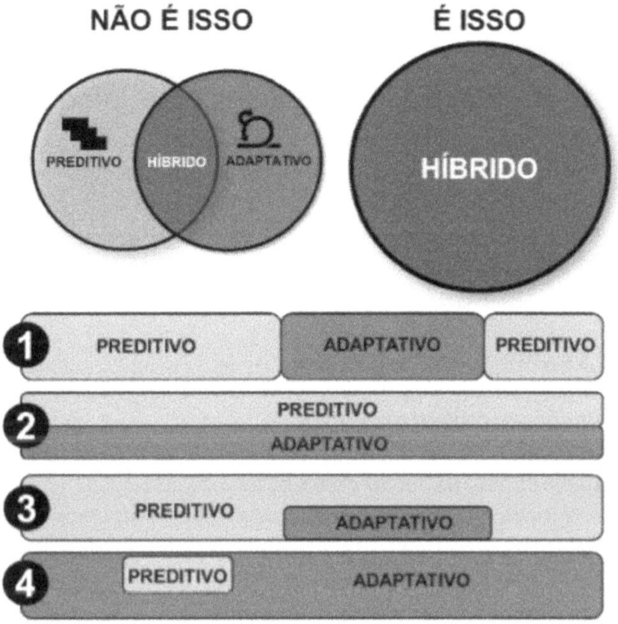

Figura 11.1. Abordagem híbrida em projetos. Fonte: adaptado de Santos, *Irigoyen* e Caramelo (2023), PMI (2017) e Costa (s.d.).

Enxergar uma solução como um projeto é a melhor forma de organizar, gerenciar e executar tudo o que envolve uma entrega de qualidade, dentro do orçamento e no tempo desejado. Quando falamos em tecnologia e projetos, há claramente uma delimitação que facilita compreender o porquê de a tecnologia depender imensamente dos projetos.

O primeiro aspecto dá conta de que é necessário **implantar** as soluções adquiridas de fornecedores multiespecializados, como no caso dos clássicos e inúmeros sistemas de informação dos quais nenhuma organização é capaz de prescindir.

O segundo é que, em muitos casos, é oportuno e inevitável **desenvolver** a solução internamente ou pela via de parcerias (adicione aqui provavelmente ainda mais *stakeholders*). No âmbito de projetos de **desenvolvimento**, aparecem os grandes desafios dos produtos digitais, das plataformas que facilitam a jornada da transformação digital, enquanto nos projetos de implantação existem vastas aplicações da tecnologia nos processos de negócio e na própria evolução do modelo de negócios e no aprimoramento da experiência dos clientes (CX), que suscitam aplicações cirúrgicas da tecnologia na infraestrutura subjacente de qualquer negócio.

Mas, afinal, o que é projeto?

Projeto (pro-je-to)
sm

1. Propósito de executar algo
2. Plano detalhado de um empreendimento a ser realizado: *Entregou ao futuro orientador seu projeto de tese.*
3. Conjunto de ideias iniciais de um texto, geralmente provisórias: *Fiz um projeto do que pretendo discursar como paraninfa da turma.*
4. Esboço de trabalho que se pretende realizar: *Sugeri algumas mudanças no projeto que a decoradora apresentou para o meu apartamento.*
5. Plano de uma edificação, contendo descrições, plantas, orçamento, quantidade de pessoas envolvidas etc.: *O projeto da minha casa de praia está muito bonito.*

Figura 11.2. Definição de projeto. Fonte: adaptado de Michaelis (s.d.).

A definição básica do dicionário nos remete à formalização do planejamento de um trabalho, esboço, conjunto de ideias a serem executadas. Mas o conceito de projeto para a TI está além disso: para o profissional de TI, projeto é a essência das atribuições de uma área de tecnologia e, portanto, deve estar no DNA do CIO e de seu time.

Mas como começar? A resposta a essa questão é: comece pelo porquê. Sim, por que voltar nossas energias para um projeto? Se não estivermos convencidos de que um projeto é necessário, provavelmente pela assertividade do *business case*, provavelmente estamos diante do início de um fracasso. Antes de iniciar, é preciso garantir que aplicaremos energia onde ela realmente é necessária. É aqui que entra a importância da avaliação da viabilidade dos projetos nas organizações, uma atividade que tem total conexão com o planejamento estratégico e que garante o portfólio ideal a cada ciclo orçamentário a partir da análise da contribuição de cada projeto para o atingimento das metas corporativas, ou seja, para a geração de valor. Esse tipo de avaliação é fundamental para qualquer tipo de projeto, seja de tecnologia ou não (PINTO, 2023).

Voltando uma vez mais aos projetos de TI, um portfólio ótimo de projetos de tecnologia é aquele que claramente endereça os objetivos estratégicos e que entrega o valor e os benefícios esperados. Algumas organizações fazem *valuation* de projetos, utilizando métodos e indicadores financeiros para determinar sua viabilidade, seu valor e prioridade; outras contam com escritórios de projetos (PMO – *Project Management Office*) e até mesmo estruturas que se dedicam a gerir e a garantir a constante geração de valor dentro da empresa (VMO – *Value Management Office)* para determinar quais projetos devem ser executados. Outras, principalmente as maiores e de estrutura mais tradicional, estabelecem estruturas centralizadas de planejamento ou de PMO/VMO, nem sempre dentro da TI, considerando que tais células usualmente tratam não somente de projetos de tecnologia (PINTO, 2023).

Independentemente da estrutura responsável, o que importa é que os processos de avaliação e de priorização de projetos existam e levem em conta, além dos gastos (investimentos e despesas), os custos futuros das soluções (manutenção e evolução) e os benefícios (financeiros ou qualitativos) que se propõem entregar. É fundamental que considerem ainda o momento do negócio e a disponibilidade de recursos para execução, pois de nada adianta priorizar empreitadas impossíveis de serem realizadas, ou mesmo financiadas. Parece óbvio, não? Mas o estabelecimento de metas inatingíveis, seja por falta de alinhamento ou por falta de recursos, é, sem dúvida, um dos grandes responsáveis por falhas na execução do portfólio de projetos de uma organização.

Com benefícios identificados, execução priorizada e estimativa de gastos objetiva, o engajamento de *stakeholders* na execução de projetos fica facilitado – mas não garantido. Engajar é comunicar, envolver, sensibilizar. É preciso mais do que processos formalizados para estabelecer as parcerias e coalizões necessárias junto às áreas que precisam colaborar na entrega de um projeto. Obviamente, a existência de um patrocinador ou *sponsor* também é um grande trunfo, além de contar com um "dono" para a solução.

O "dono" de uma solução não é o gerente do projeto. Dono é quem usa todos os dias e conhece os desafios, os problemas, as vantagens e o melhor modo de usar. É quem usa e acompanha o uso, quem desenvolve, sustenta e melhora a solução a partir da vivência. Esse é um papel que precisa existir e que de fato garante o sucesso de um projeto – e que idealmente deveria ser desempenhado por alguém da área de negócio que vai operar a solução. O fato é que esse é um papel que precisa estar com alguém da equipe do projeto. Se a TI precisa desenvolver esse tipo de papel em suas estruturas, é sinal de que o grau de maturidade em processos/tecnologia das áreas de negócio é baixo. E o risco de a solução perder sua aderência e sua capacidade de evolução com o passar do tempo será alto.

O ideal é que tenhamos sempre a tríade "dono", gerente de projetos e patrocinador, cada um atuando fortemente nas diversas facetas do desenvolvimento da solução, sua batalha por recursos, seu desenvolvimento e uso, bem como na facilitação e gestão das atividades necessárias para essa entrega. Iniciativas maiores exigirão a multiplicação desses pares, mas o princípio é sempre o mesmo: viabilização, criação e fruição. Em um contexto vertiginosamente acelerado dos negócios em processo de transformação digital, a mentalidade *DevOps* cada vez mais dá as mãos à equipe de projetos. Afinal, a famosa passagem de bastão é talvez um dos momentos mais delicados e difíceis em qualquer projeto de TI, independentemente do grau de complexidade da solução proposta. Entram em cena a resistência à tecnologia proposta, as mudanças explícitas e as nem sempre tão evidentes no período de *handoff*.

Importante é escolher bem o time, mesclando pessoas com conhecimentos diferentes e perfis complementares. A experiência é uma qualidade maravilhosa, mas se estiver presente em alguém que tem medo de mudanças, pode ser uma ameaça terrível para o sucesso de uma nova solução. Da mesma maneira, a falta de conhecimento pode condenar um projeto, na medida em que pode restringi-lo a uma implementação pobre e insuficiente caso o indivíduo inexperiente seja alguém que só se compromete com datas de entrega em vez de buscar se aprofundar no assunto da solução.

Projeto é um esforço temporário empreendido para criar um produto, serviço ou resultado único (*PMBOK® Guide*)		
Temporário	**Entregas exclusivas**	**Exemplos de projetos**
Início	Produto	Novo produto
Término	Serviço	Nova filial
	Resultado	Novo negócio
		Nova tecnologia

Figura 11.3. Definindo projeto. Fonte: adaptado de Montes (2024).

Sendo projeto um "esforço temporário", é preciso acompanhar sua evolução; logo, a palavra-chave é disciplina. Não devemos nos deixar consumir pela execução, e precisamos estabelecer uma cadência de acompanhamentos em nível operacional, tático e estratégico, dependendo do caso. Nesse cenário, o método *Kanban*, vinculado às iniciativas (quadros *kanban downstream*) e ao portfólio (*kanban upstream*, integrado aos anteriores) são instrumentais (STEYAERT, 2017). Busque reportar o progresso de forma sucinta e objetiva e aponte e enderece os impedimentos, envolvendo quem fará a diferença na sua entrega e quem precisa estar ciente de seu progresso. Não deixe que a execução comande seus movimentos. É a gestão de projetos que comanda a execução.

Um bom acompanhamento de projeto é frequente, ágil e ajuda o projeto a fluir. Fuja de cerimônias e reuniões desnecessárias e não confunda acompanhamento com publicidade. Comunicar um projeto é diferente de acompanhar sua evolução. Se você precisa de publicidade para o projeto que está tocando, tenha pessoas dedicadas a esse assunto e não consuma o tempo de quem executa com esse tipo de preocupação. Buscar o apoio da equipe de comunicação interna dentro da sua empresa é muitas vezes uma boa estratégia.

O acompanhamento do andamento de um projeto é a chave para garantir sua própria entrega. É também a ferramenta que nos permitirá negociar eventuais atrasos e até mesmo embasar a sugestão de seu próprio cancelamento. Quando existe uma boa gestão de projetos, ninguém é surpreendido por desvios inesperados. Ao contrário, somos capazes de nos antecipar aos problemas, nos preparando melhor para cenários alternativos.

O compromisso com a verdade é um ponto chave do executivo de projetos. Omitir ou mascarar problemas é uma forma de ampliar seu impacto e não ajuda em nada sua resolução. Portanto, se o projeto está com problemas é preciso se preparar para conversas difíceis. Tenha um estudo prévio das alternativas factíveis para solucionar as dificuldades, incluindo até mesmo a alternativa de interrupção do projeto em si.

Mas vamos à pergunta que não quer calar: se você tem um bom engajamento, um patrocinador, um projeto coerente com a estratégia da empresa, uma equipe adequada e engajada, um planejamento detalhado e uma cadência de acompanhamento, o que pode dar errado? A resposta é: qualquer coisa. E fique tranquilo porque se existe alguma certeza em projetos é a de que algo **vai** dar errado. O que importa é estar pronto para enfrentar as dificuldades que surgirem. A isto chamamos gestão. Seu planejamento deve identificar gargalos, pontos críticos, riscos e incluir planos alternativos para qualquer eventualidade.

A proposta deste capítulo não é discorrer sobre metodologias ou *frameworks* de gestão de projetos. A ideia é deixar claro que, mais do que metodologias ou *frameworks*, gestão de projetos envolve o seu **relacionamento com pessoas** e **muita disciplina**. Invista seu tempo em conexões, seja curioso, seja presente. Com esses conselhos, encerramos aqui nossa tentativa de traduzir em palavras um pouco da nossa experiência entregando – e não entregando, sejamos sinceros – projetos.

PARTE IV. EXCELÊNCIA NA ENTREGA DE RESULTADOS

Organizador: Eduardo Gorges

Ser tenista profissional é querer viver o desafio do impossível virar possível todo dia.

Fernando Meligeni

Esta parte do livro aborda a busca da excelência em processos e projetos para a entrega de resultados extraordinários, incluindo medição de benefícios, arquitetura ágil, como organizar a TI e administrar o negócio.

12. Negócio e TI

Taiolor Morais

Administrar um negócio chamado tecnologia: quais são os desafios e requisitos que o CIO deve compreender sobre o negócio para conduzir uma gestão de alto nível?

Não há nada tão inútil quanto fazer com grande eficiência algo que não deveria ser feito.

Peter Drucker

Gerir um negócio de forma a torná-lo rentável, lucrativo e robusto é um desafio multifacetado que requer uma compreensão profunda de várias áreas-chave. Primeiramente, um executivo precisa ter uma visão clara da estratégia dos negócios da empresa. Sua primeira missão ao assumir uma cadeira executiva é entender com clareza e dados o funcionamento geral, e para isso faço perguntas que podem servir como um ponto de partida para uma reflexão profunda sobre as práticas e estratégias de gestão, ajudando a identificar áreas de melhorias, desenvolver um plano de ação para aumentar a eficiência e a eficácia dos negócios:

- Onde estão as fontes de receitas da nossa empresa? Elas estão sendo suficientes para nossos objetivos estratégicos?
- Quais são os maiores desperdícios de recursos na nossa empresa e como podemos eliminá-los?

- Estamos realmente ouvindo e respondendo às necessidades dos nossos clientes?
- Como a nossa cultura organizacional está influenciando a produtividade e a inovação?
- Quais são os principais gargalos em nossos processos operacionais e como podemos resolvê-los?
- Estamos utilizando dados e análises de forma eficaz para tomar decisões informadas?
- Como estamos nos preparando para as futuras mudanças do mercado e inovações tecnológicas?
- Estamos investindo adequadamente no desenvolvimento e na capacitação de nossos colaboradores?
- Como podemos melhorar a comunicação e a colaboração entre departamentos?
- Quais são nossos principais indicadores de desempenho? Eles estão alinhados com nossos objetivos estratégicos?
- Estamos explorando todas as oportunidades para inovar e diferenciar nossos produtos ou serviços no mercado?

A gestão eficaz de qualquer negócio passa essencialmente pela gestão financeira. Ela é fundamental para garantir a rentabilidade e a lucratividade. Uma empresa rentável, com caixa positivo e financeiramente saudável, permite evoluções e entregas reais para clientes. Isso envolve definir metas claras, identificar os principais impulsionadores de lucro e desenvolver planos estratégicos para alcançar esses objetivos. Uma estratégia bem definida serve como um guia para todas as decisões e iniciativas empresariais, garantindo que cada ação contribua para o sucesso geral da organização, incluindo os investimentos em tecnologia. E é aqui que o papel da área de tecnologia é fundamental na gestão moderna de empresas, onde mora uma mudança de comportamento do executivo de tecnologia, que estará em "ser parte da estratégia" e não apenas um "executor de planos táticos". A visão holística em cinco pilares (PPT-CC: Pessoas, Processos, Tecnologia, Custos e Cultura) norteará a estratégia de sucesso das empresas e consequentemente das áreas de tecnologia.

Independentemente da indústria, do segmento de atuação, do canal ou do tipo de prestação de serviço, a compreensão do mercado e da concorrência é essencial para construir um negócio robusto e lucrativo. O executivo deve estar atento às tendências do mercado, às mudanças nas preferências dos consumidores e às estratégias dos concorrentes para garantir que a empresa esteja sempre um passo à frente. Isso pode envolver a realização de pesquisas de mercado, análise da concorrência e adaptação rápida às mudanças do ambiente empresarial. É fundamental ter uma compreensão abrangente da estratégia empresarial na visão 360 graus do funcionamento dos negócios. Isso envolve entender os objetivos de longo prazo da empresa, sua posição competitiva no mercado e como a tecnologia pode ser alavancada para impulsionar esses objetivos.

Um executivo de tecnologia precisa estar alinhado com a visão e a missão da empresa para poder desenvolver soluções tecnológicas que estejam em sintonia com as metas corporativas. Ele precisa incorporar na sua rotina a leitura de balanços contábeis e DRE (Demonstração do Resultado e Exercício), deve entender as provisões e cálculos do EBITDA, demonstrativos fiscais e demais relatórios da gestão administrativa. Para ser efetivo, é necessário elaborar orçamentos precisos, analisar demonstrações financeiras e identificar áreas de oportunidade para reduzir custos e aumentar a eficiência operacional. O executivo também deve ser capaz de gerir o capital de forma prudente, garantindo que os investimentos sejam feitos de maneira estratégica e que os recursos financeiros sejam alocados de forma a maximizar o retorno sobre o investimento.

Outro aspecto importante é a gestão de riscos e conformidade regulatória. O executivo de tecnologia precisa estar ciente dos riscos associados às suas iniciativas tecnológicas, não somente nas questões de segurança cibernética, mas também na conformidade com regulamentações específicas do setor. Ele deve trabalhar em estreita colaboração com equipes jurídicas e de conformidade para garantir que a empresa esteja operando dentro dos limites legais e éticos enquanto busca inovação tecnológica. Não há inovação tecnológica que suporte um negócio parado, e aqui vem outra virada de chave no *mindset* das pessoas do nosso segmento.

Em geral, as pessoas de tecnologia têm as maiores dificuldades na habilidade de traduzir a linguagem técnica para termos de negócios. Isso significa comunicar efetivamente como os investimentos em tecnologia afetam diretamente a linha de fundo da empresa, seja aumentando a eficiência operacional, melhorando a experiência do cliente ou abrindo novas oportunidades de receita. É fundamental para o executivo de tecnologia ser capaz de articular o valor comercial de suas iniciativas tecnológicas para os *stakeholders*, incluindo outros líderes empresariais, investidores e clientes.

Em contrapartida, as pessoas de tecnologia têm mais afinidade com as ciências exatas, o que nos aproxima das visões estatísticas e matemáticas. Todo negócio deve ser gerido através de métricas, afinal "o que pode ser medido pode ser melhorado", como disse Peter Drucker em outra citação clássica, e isso é o que pode ajudar na aproximação entre o entendimento dos negócios e a tecnologia. Para qualquer líder, se faz necessário aprofundamento nos seus indicadores, sejam operacionais/táticos das suas áreas, seja dos negócios da empresa.

Dependendo da sua indústria ou do ramo de atuação, você terá indicadores específicos para gestão dos seus negócios. Entretanto, buscando ser mais abrangente, e respondendo às perguntas do início do capítulo, listo 15 exemplos de indicadores que podem ser fundamentais para a gestão executiva de uma empresa:

1) **Taxa de conversão de vendas:** este indicador mede a eficácia das estratégias de vendas e marketing da empresa, calculando a proporção de leads ou oportunidades de vendas que são convertidas em vendas reais. Uma alta taxa de conversão indica eficácia nas estratégias de vendas e marketing, enquanto uma baixa taxa pode indicar a necessidade de ajustes nas abordagens de vendas ou na qualificação de *leads*.

2) **Taxa de utilização de recursos:** este indicador mede a eficiência na utilização de recursos da empresa, como máqui-

nas, equipamentos, espaço físico e mão de obra. É calculado dividindo o tempo real de utilização pelos recursos disponíveis durante um período específico. Uma alta taxa de utilização pode indicar eficiência operacional, enquanto uma baixa taxa pode sugerir subutilização de recursos.

3) **Taxa de retorno do investimento (ROI):** o ROI é uma medida do retorno financeiro gerado por investimentos realizados pela empresa. Ele calcula a relação entre o lucro líquido obtido e o custo do investimento. Um ROI positivo indica que o investimento está gerando lucro, enquanto um ROI negativo sugere que o investimento não está sendo eficaz.

4) **Taxa de rotatividade de estoque:** este indicador mede a rapidez com que o estoque da empresa é vendido e substituído durante um determinado período de tempo. É calculado dividindo o custo das mercadorias vendidas pelo valor médio do estoque. Uma alta taxa de rotatividade de estoque indica uma boa gestão de inventário e eficiência nas vendas, enquanto uma baixa taxa pode indicar excesso de estoque ou problemas de demanda.

5) **Taxa de produtividade:** mede a eficiência dos recursos da empresa na produção de bens ou serviços. Pode ser calculada de várias maneiras, como a produção por hora de trabalho ou por unidade de capital investido. Uma alta taxa de produtividade indica uma utilização eficiente dos recursos da empresa, enquanto uma baixa taxa pode sugerir desperdício ou ineficiência.

6) **Taxa de satisfação do cliente:** este indicador mede o nível de satisfação dos clientes com os produtos ou serviços da empresa. Pode ser avaliado por meio de pesquisas de satisfação, avaliações on-line, reclamações de clientes e *feedback* direto. Uma alta taxa de satisfação do cliente indica que a empresa está atendendo às expectativas dos clientes e mantendo um alto padrão de qualidade, enquanto uma baixa taxa pode indicar problemas de qualidade ou serviço.

7) **Taxa de absenteísmo:** este indicador mede a quantidade de tempo que os colaboradores estão ausentes do trabalho, seja por motivos de doença, licença ou outras razões. Uma alta taxa de absenteísmo pode indicar problemas de motivação, moral ou saúde no local de trabalho, afetando a produtividade e o desempenho geral da empresa.

8) **Taxa de *turnover* de colaboradores:** este indicador calcula a porcentagem de colaboradores que deixam a empresa dentro de um determinado período de tempo. Um alto índice de rotatividade pode indicar problemas de retenção de talentos, insatisfação dos colaboradores ou dificuldades na cultura organizacional, o que pode impactar negativamente a estabilidade e a eficiência da empresa.

9) **Taxa de conformidade regulatória:** este indicador mede o grau de conformidade da empresa com as regulamentações governamentais, normas da indústria e políticas internas. Falhas na conformidade regulatória podem resultar em multas, penalidades legais, danos à reputação e interrupções nas operações, portanto, é importante monitorar e manter altos níveis de conformidade.

10) **Tempo médio de resolução de problemas:** este indicador avalia a eficiência do suporte técnico, do atendimento ao cliente ou de processos de resolução de problemas internos. Ele calcula o tempo médio necessário para resolver uma solicitação ou problema, ajudando a identificar áreas de melhoria na eficiência operacional e no serviço ao cliente.

11) **Taxa de aderência a prazos de entrega:** este indicador mede a capacidade da empresa de entregar produtos ou serviços dentro dos prazos acordados com os clientes. Uma alta taxa de aderência a prazos de entrega indica uma gestão eficaz da cadeia de suprimentos, produção e logística, garantindo a satisfação do cliente e a reputação da empresa.

12) **Índice de rejeição de produtos ou serviços:** este indicador quantifica a proporção de produtos ou serviços que são re-

jeitados ou devolvidos pelos clientes devido a defeitos, erros ou insatisfação. Uma baixa taxa de rejeição indica alta qualidade e conformidade com as expectativas do cliente, enquanto uma alta taxa pode indicar problemas de qualidade ou falhas nos processos de produção e entrega.

13) **Custo de produção por unidade:** este indicador calcula o custo médio de produção de cada unidade de produto ou serviço oferecido pela empresa. Monitorar essa métrica ao longo do tempo ajuda a identificar tendências de custos, otimizar processos de produção e garantir a competitividade nos preços.

14) **Métrica de *churn* de vendas:** quantifica a taxa de perda de clientes ou usuários ao longo de um determinado período de tempo. O churn pode ocorrer em diversos contextos, como em serviços de assinatura, aplicativos móveis, plataformas *on-line* e qualquer tipo de negócio que dependa da retenção de clientes para o seu sucesso. Esse indicador é importante para empresas, pois permite avaliar a eficácia das estratégias de retenção de clientes, identificar padrões de comportamento dos usuários que levam ao *churn* e tomar medidas corretivas para reduzir a taxa de perda de clientes e melhorar a saúde geral do negócio. Geralmente, o *churn* é expresso como uma porcentagem do número total de clientes ou usuários.

15) **Índice de satisfação do fornecedor:** este indicador avalia o nível de satisfação dos fornecedores da empresa em relação aos processos de compra, comunicação e pagamento. Manter bons relacionamentos com fornecedores é essencial para garantir a qualidade e o suprimento contínuo de matérias-primas e serviços necessários para as operações da empresa.

Em linhas gerais, os indicadores citados cobrem basicamente os cinco pilares da gestão de negócios (PPT-CC). O alinhamento estratégico entre negócios e tecnologia ajuda a garantir que os investimentos estejam alinhados com as prioridades da empresa. Isso significa que os recursos financeiros são alocados de forma estratégica para desenvolver e implementar soluções tecnológicas que oferecem o maior retorno sobre o investimento e contribuem para os objetivos de longo prazo da empresa. E os indicadores operacionais darão as respostas para as perguntas difíceis do dia a dia.

Outro aspecto importante é a inovação, primordial na gestão de negócios bem-sucedida. O executivo deve promover uma cultura de inovação dentro da empresa, incentivando a criatividade e a experimentação em todos os níveis organizacionais. Isso pode envolver o desenvolvimento de novos produtos ou serviços, a implementação de processos mais eficientes ou a adoção de tecnologias disruptivas que possam impulsionar o crescimento e a rentabilidade a longo prazo. Para inovar é necessário conhecer profundamente o negócio. Inspirado em mais uma citação de Peter Drucker, "o propósito de um negócio é criar um cliente", aqui entram fundamentalmente as tecnologias inovadoras impulsionando as melhores experiências. O executivo deve estar atualizado sobre avanços em inteligência artificial, computação em nuvem, análise de dados e outras áreas-chave. Estar à frente das tendências tecnológicas permite antecipar as necessidades futuras da empresa e identificar oportunidades de inovação.

Mas para criar negócios rentáveis, robustos e inovadores, a gestão de pessoas também é relevante. O executivo deve recrutar e reter talentos excepcionais, desenvolver liderança eficaz e promover um ambiente de trabalho positivo e colaborativo. Investir no desenvolvimento profissional dos colaboradores e garantir que suas necessidades sejam atendidas contribui para uma equipe engajada e produtiva, que é essencial para o sucesso empresarial a longo prazo. Buscar formar times que absorvem rápidas adaptações às mudanças é essencial, pois o ambiente empresarial está em constante evolução, e os líderes devem ser ágeis e flexíveis o suficiente para se ajustar rapidamente às mudanças nas condições do mercado, nas demandas dos clientes e nas tendências da indústria.

Os líderes de tecnologia devem colaborar com outros líderes empresariais para integrar a tecnologia de forma eficaz na organização, agindo com integridade e transparência para ganhar a confiança de clientes, parceiros e colaboradores, protegendo a reputação da empresa e contribuindo para um ambiente empresarial sustentável e resiliente. Promover uma cultura de colaboração e compartilhamento de conhecimento é essencial para um *mindset* de aprendizado contínuo e evolução. Incentivar a troca de ideias e a colaboração em projetos multifuncionais e investir no desenvolvimento profissional mantém a equipe de tecnologia atualizada e preparada para desafios futuros com confiança e criatividade.

Com base nos cinco pilares do PPT-CC, listamos sete coisas que o executivo de tecnologia precisa dominar, com olhar amplo, para uma gestão eficaz:

1) Deve entender profundamente a visão, a missão e os objetivos de negócios da empresa.

2) Precisa ter habilidades sólidas em gerenciamento de projetos e processos para liderar efetivamente a implementação de iniciativas de tecnologia.

3) Como líder da equipe de tecnologia, precisa inspirar e motivar sua equipe, cultivando um ambiente de trabalho positivo e colaborativo.

4) Deve ter uma compreensão sólida de finanças e orçamentos para gerenciar eficazmente os recursos financeiros da área de tecnologia.

5) Deve ser um comunicador eficaz, capaz de articular a visão e a estratégia de tecnologia para outros líderes empresariais, bem como para a equipe de tecnologia. Além disso, deve promover a colaboração entre diferentes áreas da empresa para garantir que as iniciativas de tecnologia atendam às necessidades de todos os departamentos.

6) Deve estar atento às ameaças de segurança cibernética e implementar medidas robustas de proteção de dados para proteger a empresa contra ataques e violações de segurança e riscos operacionais que possam paralisar as linhas de negócios.

7) Ser um agente de mudança e inovação na empresa, buscando constantemente novas oportunidades para melhorar processos, adotar novas tecnologias e impulsionar a transformação digital.

O alinhamento estratégico e executivo entre as áreas de negócios e tecnologia é essencial para o sucesso de uma corporação nos dias de hoje. Em primeiro lugar, o alinhamento estratégico garante que os objetivos e as metas das áreas de negócios estejam integrados com as capacidades e iniciativas tecnológicas da empresa. Isso significa que as soluções tecnológicas são projetadas e implementadas para atender às necessidades específicas do negócio, impulsionando o crescimento e a competitividade da empresa no mercado.

Tenha agendas recorrentes com seus pares, peça para participar de comitês de negócios, operações ou canais de vendas etc. Provoque encontros recorrentes, formais ou informais. Por muito tempo, as pessoas de tecnologia foram reconhecidas apenas como *bits and bytes*, executores ou tiradores de pedidos. É necessário garantir cadeiras para executivos de tecnologia nas mesas de conselhos administrativos. Não é mais uma questão de opção, é de perenidade de qualquer negócio.

13. *Value Realization* – Medição de benefícios para o negócio em projetos digitais

Leandro Matsumota

Quando as empresas estão priorizando e executando novos projetos, criando produtos digitais e monitorando os resultados, um desafio comum na área de TI ou mesmo em DNBs (*Digital Native Businesses*) é mostrar a realização de valor daquela iniciativa e, assim, justificar o investimento naquele projeto ou produto.

Esse valor não é uma fórmula simples e estática, conhecida pela empresa. A compreensão muda ao longo do tempo, e o valor do negócio deve considerar a incerteza e o valor do dinheiro no tempo. Métricas como ROI, NPV, IRR etc. são comumente utilizadas para avaliar e priorizar objetivos estratégicos da empresa. E temos o desdobramento dessas métricas em categorias como: aumento de receita (número de clientes ativos na plataforma etc.), redução de custos, entre outras.

A realização de valor é uma abordagem que determina os benefícios do negócio para maximizar o retorno do investimento, alinhado com a expectativa dos *stakeholders*. A realização de valor permite valor quantificável e fornece evidências de progresso ao longo de sua jornada de transformação digital.

13.1. Por que é importante mensurar a realização de valor?

A mensuração de valor é importante para alinhar a expectativa entre as equipes e os patrocinadores com relação à estratégia organizacional e aos investimentos realizados. Alguns motivos para acompanhar a realização de valor:

- **Otimização da alocação de pessoas:** ter mais agilidade para alocar seu time em iniciativas e atividades que proporcionam o maior retorno para a empresa. Os recursos são limitados e a priorização de como estão utilizando seu tempo é essencial.
- **Maximizar o retorno dos investimentos:** identificar e manter no programa os projetos com os maiores benefícios. Pode ser relacionado a negócios (receitas, assinaturas, aquisições etc.), engajamento do cliente (experiência de uso, retenção, visitas, satisfação etc.) ou tecnologia (disponibilidade, escalabilidade, requisições etc.).
- **Estabelecer relação de confiança:** a realização de valor é essencial para atender às expectativas de diversos *stakeholders*, incluindo clientes, investidores, funcionários e auditorias. Ao entregar valor tangível em termos de produtos, serviços e desempenho financeiro, as empresas podem construir confiança entre os *stakeholders*.
- **Adaptação às mudanças do mercado:** com as mudanças rápidas no mercado e nas necessidades dos clientes, a realização de valor ajuda as empresas a avaliar e ajustar continuamente suas estratégias e táticas.

13.2. Desaceleradores em transformações para atingir a realização de valor

Por que nem toda empresa mensura a realização de valor de suas iniciativas? Muitas ainda encontram dificuldades para estabelecer as métricas ideais para o seu negócio. Seguem algumas dificuldades encontradas pelas empresas:

- **Falta de alinhamento estratégico entre equipes:** falha em fornecer uma meta clara ou em traduzir a meta no contexto correto.
- **Estrutura organizacional complexa:** os times estão atuando em silos e colocando esforço em atividades que não estão diretamente relacionadas à entrega de valor estratégica. É provável que existam muitos níveis hierárquicos e falta de aptidão para mudanças.
- **Falta de conhecimento das equipes:** não ter pessoas com o *skill* adequado, assim como falhas na criação dos produtos, por não estarem gerando valor para o negócio da empresa. Isso pode acontecer por falta de qualificação.
- **Não ter patrocínio executivo ou engajamento:** a definição das métricas estratégicas (a nível executivo) e o desdobramento em objetivos para as equipes (que vão suportar a realização das metas estratégicas) precisam do envolvimento da alta liderança para terem êxito.

13.3. Ciclo de vida para realização de valor

A realização de valor em projetos digitais pode ser compreendida no seguinte ciclo de vida:

- ***Value definition:*** avaliar as oportunidades de negócios junto à liderança da empresa. Definir as métricas estratégicas para as equipes e alinhar a abordagem de planejamento e execução. Pode ser feito com OKRs, KPIs etc.
- ***Value realization:*** estabelece as atividades e a governança para execução do plano. A medição é imprescindível para dar visibilidade ao cumprimento dos objetivos, conforme planejado. As equipes então trabalham orientadas à entrega de valor, definida a nível estratégico.
- ***Value perceived:*** significa que o valor realizado precisa ser reconhecido pelos principais *stakeholders*. Diante disso, garantir o cumprimento das metas e confirmar que os resultados do negócio, assim como seus benefícios, foram atingidos como esperado.

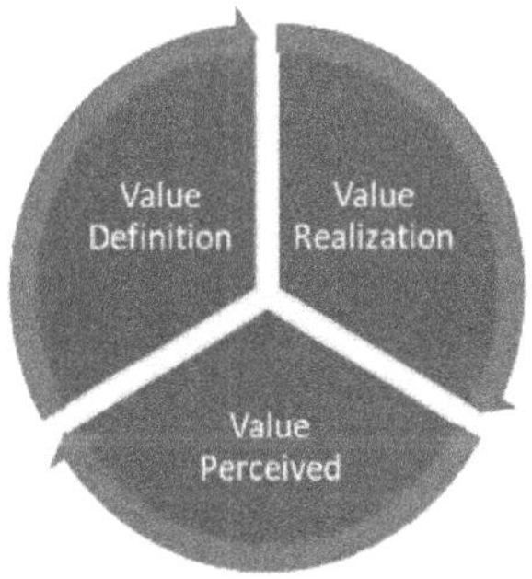

Figura 13.1. Realização de valor. Fonte: o autor.

13.4. Abordagem proposta para realização de valor

Uma abordagem proposta para a realização de valor engloba a construção de uma visão estratégica com a liderança da empresa, seguida do desdobramento em métricas para atingir objetivos organizacionais e, por fim, a execução e o acompanhamento das atividades acordadas.

Define

- **Engajamento executivo e objetivos estratégicos:** garantir a participação da liderança, estabelecendo uma visão clara e colaborativa dos objetivos de negócio da empresa. Esse é o primeiro passo para mobilizar as equipes para discutir e executar as atividades que contribuirão para o sucesso do plano.

Plan

- **Definição de métricas:** criar métricas a níveis apropriados. Cada equipe deverá atingir sua meta de acordo com o objetivo estratégico definido inicialmente.
- Resultados esperados: além das métricas, priorizar quais resultados de negócio são esperados pela liderança com os projetos ou produtos criados.

Execute

- **Realização de valor:** execução das atividades planejadas e confirmação da realização de valor. Monitoramento de métricas e ajustes de direcionamento estratégico, se houver necessidade.
- **Melhoria contínua:** aprender com a execução. As métricas definidas são tangíveis? Estavam corretas? Os objetivos de negócio foram alcançados? Quais melhorias podem ser feitas para ter mais eficiência na execução e atingir os objetivos?

13.5. Exemplo de realização de valor: *cases* com adoção de nuvem

A *Amazon Web Services (AWS)* possui o *Cloud Value Framework* para apoiar as empresas a mensurar realização de valor com o uso de nuvem, sob a perspectiva de cinco áreas principais:

- ***Costs savings:*** evita grandes custos fixos com infraestruturas on premises e reduz os custos variáveis contínuos por meio de economia de escala com a nuvem.
- ***Staff productivity:*** aumento da produtividade da equipe em áreas estratégicas, por conta da provável diminuição de trabalhos operacionais.
- ***Operational resilience:*** maior disponibilidade, segurança e menos tempo de inatividade.
- ***Business agility:*** novos produtos, novas expansões ou mais recursos dos produtos existentes que sua equipe agora pode oferecer.
- ***Sustainability:*** reduz o impacto ambiental de suas operações de TI.

Um *white paper* da IDC (GREDEN; MARDEN, 2022) indica um caso prático que obteve os seguintes benefícios:

- Redução de 39% nos custos com infraestrutura de TI.
- Aumento de 80% nas máquinas virtuais gerenciadas por cada administrador.
- Redução de 13% no tempo para resolver incidentes de segurança.
- Redução de 20% no tempo de implementação de recursos.

14. Arquitetura *agile*

Júnior Rodrigues

14.1. O papel do CIO na agilidade

A agilidade geralmente é associada à tecnologia e a um movimento que, muitas vezes, começa a acontecer nas empresas de baixo para cima, como uma necessidade ou oportunidade observada pelos times, sobretudo no desenvolvimento de software.

A ligação com essa área vem desde a popularização da agilidade, que se iniciou a partir da união de diversos profissionais que vinham adaptando e usando práticas para o desenvolvimento de software, e que publicaram o Manifesto Ágil em 2001.

Entretanto, após já ter alcançado a maioridade, a agilidade deixou de ter um foco somente em times e no desenvolvimento de software, passando a abranger todas as áreas da organização e esta como um todo, a fim de permitir que a empresa tenha a capacidade de responder de forma flexível e adaptável às mudanças do mercado.

Mesmo assim, ainda é preponderante o papel do CIO ou CTO na agilidade, uma vez que a tecnologia se faz cada vez mais presente nas organizações, independentemente se o foco de sua operação é no desenvolvimento de software ou não, com o uso massivo da robótica, automação, IA etc.

14.2. Transformação ágil e digital

Muitas empresas que buscam realizar a transformação acabam por focar essencialmente no digital, a fim de não ficar para trás, no que tange à tecnologia, não perdendo espaço para a concorrência e mostrando para seus clientes que é inovadora.

Com isso, altos montantes são investidos nas melhores tecnologias e nos sistemas mais renomados do mercado e são contratados profissionais de destaque. Porém, após tomar todas essas ações e tudo já estar rodando, percebe-se que os resultados práticos não alcançam o desejado.

É necessário compreender que a transformação digital (a qual ocorre quando as organizações adotam formas novas e inovadoras de fazer negócios com base em avanços tecnológicos) não deve ser baseada em tecnologia somente, mas em pessoas em primeiro lugar – e que, por isso, o foco deve ir além da TI.

Obviamente, isso não elimina a importância da tecnologia, sem a qual, por exemplo, muitas pessoas não teriam sequer comprado itens básicos e negócios simplesmente já teriam desaparecido em tempos de isolamento social. Ela transforma, também, a maneira como encaramos a competição no mercado, como cita David L. Rogers no seu livro *Transformação Digital* (2017).

Uma transformação digital, para ser efetiva, precisa ser acompanhada (ou até precedida) por uma transformação ágil, uma vez que são as pessoas que fazem a diferença no uso da tecnologia para realizar os processos de forma otimizada no dia a dia.

E como habilitadores dessa transformação ágil e digital, têm-se quatro passos imprescindíveis:

- **Compreender a necessidade de mudar a cultura:** a alta gestão precisa promover uma mudança cultural que alcance toda a organização, indo além da TI.
- **Promover um *mindset* ágil:** a transformação irá ocorrer a partir da formação de um ambiente onde a agilidade esteja

presente, com eliminação de desperdícios e retrabalhos, e o fomento à colaboração e à cocriação.

- **Eliminar vaidades hierárquicas:** um ambiente ágil se baseia na autogestão e na liderança, onde cargos passam a ter cada vez menos importância.
- **Focar no valor ao cliente:** a transformação digital não será efetiva se não traduzir seus produtos e serviços em uma entrega de valor aos clientes.

14.3. Liderança ágil

Tudo isso é sobre pessoas, que precisam ser lideradas dentro desse movimento organizacional e cultural em busca da agilidade necessária para a entrega de valor ao cliente!

Dentro desse contexto, o CIO precisa desenvolver em si próprio e em seus liderados um perfil aderente a essa nova realidade, pois fica claro que o modelo tradicional de gestão já não funciona mais. É preciso se basear em valores como empatia, experimentação e colaboração.

E é justamente o líder o principal responsável por garantir que as pessoas estejam bem alinhadas com esses valores. Ele não deve se manter em uma posição distante do time, mas, sim, jogar junto, dar o exemplo, ser colaborativo de fato e dar condições para que o time possa brilhar e alcançar um alto desempenho.

Existem algumas abordagens que se complementam e corroboram essa visão de liderança que as organizações necessitam atualmente: **a liderança servidora** (onde inverte-se a pirâmide hierárquica, pois o líder suporta o time); **a liderança feminina** (é preciso que o líder possua características que normalmente são mais encontradas em mulheres); *Management* 3.0 (que busca a felicidade do profissional, onde todos se sentem responsáveis pela gestão), entre outras.

Entretanto, essas abordagens isoladamente não são suficientes para lidar com o contexto atual, mas servem como base para chegar a um compilado de características necessárias a um perfil mais completo: a liderança ágil!

Como isso, chega-se a um conjunto de 11 aspectos, sendo cinco ligados ao *mindset* (forma de pensar) e cinco relacionados às atitudes necessárias a esse líder, sempre tendo como base o equilíbrio, como destacado a seguir:

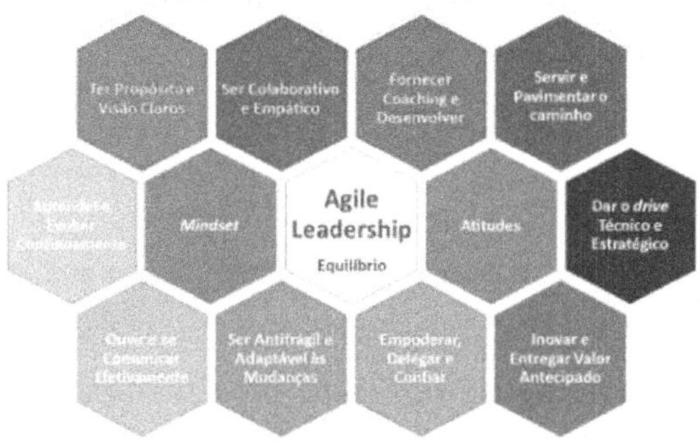

Figura 14.1. Agile Leadership Model. Fonte: Rodrigues (2021).

Estas são as características fundamentais a um líder efetivamente ágil que o CIO precisa considerar e que terá condições de fazer a diferença em seu contexto, seja ele qual for, tornando-se capaz de alcançar resultados extraordinários junto com seu time.

14.4. A agilidade organizacional

Muitas empresas, mesmo após adotar e escalar a agilidade nas áreas de execução, não alcançam o próximo estágio, a chamada agilidade nos negócios (*business agility*), ou esta não é efetiva para permitir que a organização se adapte às mudanças do mercado na velocidade necessária.

De acordo com Charlie Rudd (2016), esse movimento que, em geral se inicia no nível de times, especificamente na área de Tecnologia, em determinado momento precisa ganhar escala e se ampliar para toda a organização, como uma consequência natural do processo (Figura 14.2).

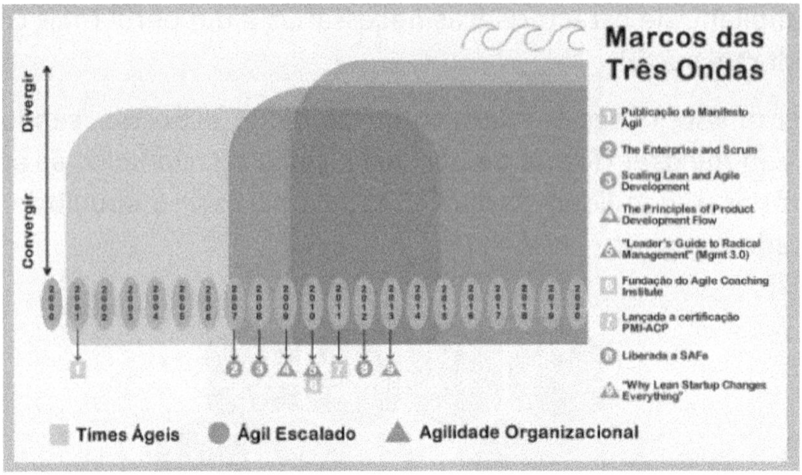

Figura 14.2. Marcos das três ondas. Fonte: Muniz et al. (2021).

Isso porque o *business agility* está muito mais ligado à cultura. As empresas precisam fazer com que esse isso se expanda para as demais áreas da organização, incluindo todas as áreas de trabalho do conhecimento, como design, engenharia, marketing e administração.

Bühler (2023) considera que a agilidade empresarial (*enterprise agility* – EA) vai além do *business agility*, com "uma abordagem mais abrangente em um ecossistema integrado para construir resiliência organizacional em vários níveis".

A diferença é que a EA trata da ciência comportamental, da neurociência e de modelos de mobilidade estratégica, com uma visão holística sobre a criação de valor tripla para impulsionar o crescimento sustentável: os clientes, a empresa e do bem-estar da força de trabalho.

Afirma ainda que a EA "visa criar uma organização adaptável, inovadora e resiliente em todos os níveis – da liderança às operações". Também propõe um modelo diferente de financiamento e criação de valor.

Dessa maneira, é necessário um patrocínio efetivo do CIO, a fim de que a agilidade concretizada seja adotada pela alta gestão, desencadeando isso para a empresa como um todo.

Com isso, silos e hierarquias são removidos, fomentando a integração e a colaboração entre as áreas, deixando mais clara a cadeia de valor e favorecendo a transformação *top-down e bottom-up*, permitindo que se estabeleça um pensamento estratégico para frente, para onde todos se movam juntos!

14.5. Como realizar a transformação ágil?

Como visto, o processo da transformação ágil terá maior chance de êxito se houver a participação e influência direta do CIO, devido à sua grande capacidade de agir, aprender e se adaptar, garantindo as mudanças de forma rápida e interativa (MUNIZ et al., 2021).

Para que a transformação seja efetiva, é preciso se apoiar em alguns pilares que irão permitir a adoção da agilidade de forma ampla: produtos de valor; gestão híbrida; liderança ágil; AMO/VMO/COE; e *agile strategy.*

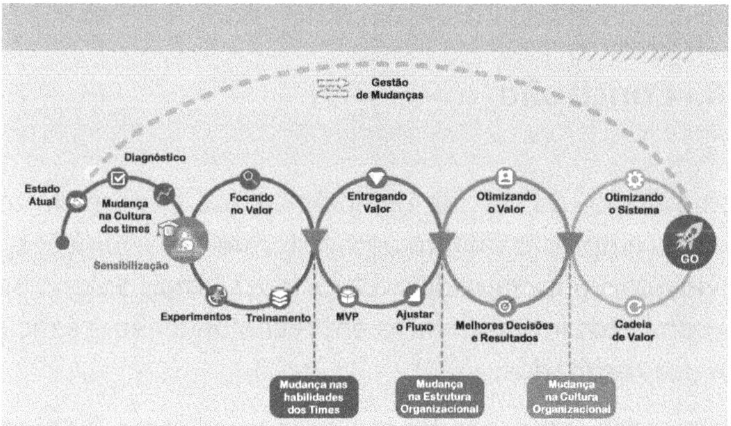

Figura 14.3. Roadmap da transformação ágil. Fonte: Rodrigues (2021).

Conforme mostra o *roadmap* da Figura 14.3, a transformação não ocorre de forma imediata e não é um movimento único e sequencial, mas, sim, uma jornada cíclica, onde a todo momento poderá ser necessário refazer ou voltar para uma das etapas anteriores, a fim de garantir a agilidade na organização como um todo.

O *roadmap* possui os quatro ciclos a seguir:

- **Focando no valor:** melhorar o trabalho realizado, olhando para dentro da empresa, permitindo que haja uma mudança nas habilidades das equipes por meio de treinamentos e experimentos.
- **Entregando valor:** ajustar o fluxo de trabalho com equipes mais integradas, eliminar silos e olhar para fora da empresa, através dos MVPs para antecipar a entrega de valor e promover mudanças na estrutura organizacional.
- **Otimizando o valor:** por meio de tomadas de decisões mais efetivas e focadas na entrega de resultados, usar um sistema de gestão por OKRs (*Objectives and Key Results*), para uma mudança organizacional de fato.
- **Otimizando o sistema:** olhar para o fluxo ou cadeia de valor da empresa e ver quais são os gargalos, atrasos, desperdícios e retrabalhos que podem ser eliminados para se alcançar a agilidade organizacional, por meio da melhoria contínua.

14.6. Conclusão

Mesmo diante da corrida tecnológica que o mercado tem vivenciado, poucas empresas de fato aproveitaram tais evoluções, em grande parte devido a uma falta de transformação mais ampla, pois contar somente com altos investimentos em tecnologia não é suficiente para o alcance dos resultados.

O CIO precisa compreender que uma transformação digital efetiva depende de uma transformação ágil, a fim de se valer das pessoas para obter resultados superiores e aumentar a vantagem competitiva por meio das tecnologias utilizadas e de uma mudança na cultura organizacional.

Ou seja, enquanto a transformação digital faz uso da tecnologia para entregar valor ao cliente de forma inovadora, a transformação ágil é a forma pela qual a empresa entrega valor ao cliente, e ambas precisam ser combinadas para que se alcance a agilidade empresarial (EA).

O CIO precisa combinar tecnologia, processos e, principalmente, pessoas para fomentar a agilidade por toda a empresa e potencializar o resultado das transformações, liderando de forma ágil os indivíduos para lidar com essas mudanças e entregando resultados extraordinários para os clientes.

15. Conflitos: arquitetura empresarial *versus* ágil

Gustavo Bunger

Em sua segunda edição, o *Information Systems Planning Guide* (IBM, 1978) traz instruções para aplicar uma abordagem estruturada para elaborar um plano de sistemas de informação para curto, médio e longo prazo nas organizações.

Essa abordagem estruturada, chamada de *Business System Plan* (BSP), viria a ser o marco fundamental para o que nas décadas seguintes conheceríamos como arquitetura corporativa (*enterprise architecture*) ou, como algumas traduções citam, arquitetura empresarial.

O próprio *The Open Group Architecture Framework* (TOGAF), lançado 20 anos depois, "beberia" dessa fonte para criar o ADM *(Architecture Development Method)*, o Método de Desenvolvimento da Arquitetura Corporativa, que foi e é até hoje o principal método para essa finalidade.

As metodologias à época, em especial **PERT/CPM**, ***waterfall*** (cascata) e **ISO/IEC 12207** (*Software Development Lifecycle* – SDLC), influenciaram sobremaneira os métodos de arquitetura, com forte orientação ao encadeamento de etapas e ao uso de artefatos e documentações.

Conforme a definição de Atila Belloquim, no livro "Jornada Ágil de Arquitetura", (MUNIZ et al., 2023), podemos definir a arquitetura corporativa como:

> ***Arquitetura corporativa*** *é a prática ou disciplina através da qual a organização se habilita, criando uma visão holística, a atingir sua visão de negócio através da execução de sua estratégia corporativa. A arquitetura corporativa permite alinhar a* ***estratégia com a execução.***

Cabe destacar aqui a parte final desta elegante conceituação, no que tange ao que é **estratégia** e ao que é **execução**.

A estratégia pode ser definida como um "Conjunto (de) das decisões que determinam o comportamento esperado em um período de tempo estabelecido (determinado)" (SIMON, 1971).

Essa tomada de decisões perenes, que determina comportamentos ao longo do tempo, sempre foi a chave por trás do sucesso das iniciativas de arquitetura corporativa.

Outra característica importantíssima é a visão holística. *Holos* é uma palavra grega que significa "todo".

Essas afirmações indicam e levam em consideração um dos principais objetivos de qualquer organização: manter-se operacional ao longo do tempo e no maior tempo possível. Essa perenidade, pelo prisma da arquitetura corporativa, se traduz em estudos comparativos, tomadas de decisão, planos de ação, estabelecimento de diretrizes, uso de processos, criação de documentações e governança. **Todas essas características são orientadas à regularidade, à perenidade, à previsibilidade e ao controle da estratégia da organização no curto, médio e longo prazo.**

15.1. A perturbação na força

A partir de um encontro da comunidade de *eXtreme Programming* (XP) no estado de *Oregon*, Estados Unidos, em meados do segundo trimestre de 2000, identificou-se que o XP e os então chamados "métodos leves" (nome dado às metodologias emergentes da época) possuíam diversos traços em comum.

Em fevereiro do ano seguinte, no *resort* nevado de *Snowbird*, em *Utah*, Estados Unidos, 17 expoentes dos "métodos leves" discutiram e decidiram escrever um documento que *transmitisse* os novos valores do desenvolvimento moderno. Entenderam que o nome "ágil" seria melhor para essa nova forma de lidar com projetos.

Na conclusão desse encontro, surgiu o documento desejado que é a base do movimento de agilidade: o **Manifesto Ágil** (BECK et al., 2001):

> *Estamos descobrindo maneiras melhores de desenvolver softwares fazendo-o nós mesmos e ajudando outros a fazê-lo. Através deste trabalho, passamos a valorizar:*
>
> ***Indivíduos e interação entre eles mais que processos e ferramentas;***
>
> ***Software em funcionamento mais que documentação abrangente;***
>
> ***Colaboração com o cliente mais que negociação de contratos;***
>
> ***Responder a mudanças mais que seguir um plano.***
>
> *Ou seja, mesmo havendo valor nos itens à direita, valorizamos mais os itens à esquerda.*

Quando falamos em agilidade, é importante evitarmos dois equívocos principais:

- O primeiro é que agilidade significa única e exclusivamente entregas mais rápidas; o pensamento original é de entregas frequentes, ou seja, onde a cada ciclo de trabalho (*Sprint*) tenhamos algo de valor sendo agregado a um produto ou serviço.
- O segundo é demonizar as metodologias anteriores aos "métodos leves", como a cascata (*waterfall*).

Existem diversas abordagens metodológicas, como *Scrum, Kanban* e ágil escalado. Cada qual tem suas características e, de acordo com a indústria (contexto) onde é usada, fará mais ou menos sentido sua aplicação. Os setores ligados à manufatura, à produção bélica, à logística ou ao extrativismo, por exemplo, apresentam um perfil mais voltado ao sequenciamento de ações; já setores ligados a serviços, *trading*, *e-commerce*, pesquisa e desenvolvimento e consultorias apresentam um perfil mais voltado ao paralelismo de ações.

Existem metodologias de gestão de projetos que são mais adequadas ao perfil sequencial ou ao perfil paralelizado, porém todas visam garantir suas entregas com qualidade. Portanto, não existe metodologia errada, e sim aquela que foi aplicada ao contexto errado.

Agora que conhecemos um pouco das características da arquitetura corporativa e do desenvolvimento ágil, podemos analisar as declarações do Manifesto Ágil, uma a uma:

15.2. Indivíduos e interação entre eles mais que processos e ferramentas

No limite, é inequívoco que a capacidade humana de interação entre indivíduos, para resolução de problemas, sempre superará qualquer processo desenhado por uma organização. Os processos ocorrem e são criados sempre **antes** de estarem descritos oficialmente.

Entretanto, quando deixamos que esses processos não sejam documentados, e na sequência seguidos, poderemos perder oportunidades de:

- otimizar o uso dos recursos da organização, consumindo-os nos melhores momentos;
- medir o desempenho das etapas que foram desenhadas;
- reutilizar e interconectar os processos, de modo que eles formem uma rede harmonizada permeando toda a companhia.

Sobre as ferramentas, naturalmente não devem ser um fim em si mesmas, mas aceleradoras para que as áreas que as utilizem (em seus processos) possam dar vazão às funções de negócio que executam. Ex.:

um sistema de vendas ou um aplicativo de gestão de força de trabalho. A organização já tem essas funções em execução, mas busca ferramentas que permitam otimizar a forma como essas funções são exercidas por terem embarcadas em si as melhores práticas de mercado.

15.3. Software em funcionamento mais que documentação abrangente

Todos querem documentação; todos odeiam documentação.

Aqui talvez resida a maior das armadilhas da agilidade e que sem dúvida é a raiz do conflito que representa o cerne deste capítulo: entrega x estratégia.

Quando os times precisam de um elevado desempenho em entregas, entram em cenas as exceções. Isso significa sacrificar padrões estabelecidos, recomendações arquiteturais e restrições (de custo, orçamento e cobertura funcional).

Ao longo do tempo, essas exceções se tornam o que a literatura consagrou como "dívidas técnicas", que em teoria precisam ser eliminadas, mas que na prática do dia a dia são ofuscadas pela satisfação das partes interessadas em lançar o produto ou serviço dentro do *time-to-market*. Com o passar do tempo e as inovações tecnológicas que surgem, essas dívidas tornam-se cada vez maiores, a ponto da sua quitação (eliminação das "gambiarras", uso do padrão convencionado, aderência ao *roadmap* de sistemas etc.) ter um custo muito maior que a receita que aquela exceção permitiu auferir tempos atrás.

É a representação perfeita do "lucro esvaziado" ou da "economia porca".

A entrega – "software em funcionamento" – deve ser sempre perseguida, mas nunca "a qualquer custo", pois esse custo pode zerar o valor da própria entrega.

15.4. Colaboração com o cliente mais que negociação de contratos

Há 40 anos, especialmente com o advento da computação distribuída, o mundo empresarial começou a entoar o mantra "alinhar o negócio à tecnologia da informação". Infelizmente era um mundo onde não havia tanta perspectiva sobre quando o mercado tradicional precisaria deixar de ser "alinhado" à tecnologia e passar a "ser" tecnologia.

Essa falta de perspectiva criou a "perspectiva da pastelaria", onde as unidades de negócio criavam as demandas (sabores de pastel) e as áreas de TIC entregavam as soluções (o pastel frito). Em muitos casos, o pastel entregue estava não era do sabor correto.

Quarenta anos depois, a agilidade inovou empoderando as unidades de negócio: agora essas áreas podem fazer seus pastéis fritos (soluções) usando ferramentas como *product backlog* e *low code* (massa, panela e óleo), e as áreas de TIC proveem as diretrizes (espaço da cozinha, gás, fogo e recheio). Em muitos casos, a cozinha entra em chamas, os recheios estragam por falta de uso e o gás acaba cortado por falta de pagamento.

Em ambos os momentos, o principal componente sempre foi ignorado: a receita do pastel. Essa receita na nossa alegoria se traduz em bem escritos requisitos, histórias, épicos, diretrizes, padrões, políticas e processos, todos temas de lida diária de arquitetos de solução ao redor do planeta. Essa receita também representa o contrato, ou seja, o que a unidade de negócio espera e o que as áreas de TIC vão entregar.

Naturalmente, não se pode na atualidade, e com a velocidade atual de inovação, lidar com um arcabouço de artefatos de elicitação, mapeamento, desenho e entrega que uma metodologia como RUP (*Rational Unified Process)*, por exemplo, ensejava empregar nas organizações. Mas para que a colaboração do cliente pretendida nesse princípio de agilidade seja eficiente, esse cliente precisa primeiro saber o que quer e depois saber como pedir. Por conseguinte, as áreas de TIC precisam saber como interpretar e finalmente garantir que o que foi interpretado tem exequibilidade.

15.5. Responder a mudanças mais que seguir um plano

É a resposta da agilidade para conceitos que entraram no nosso dia a dia pós-pandêmico, como VUCA (Volátil Incerto, Complexo e Ambíguo) e BANI (Frágil, Ansioso, Não linear e Incompreensível).

Ao nos aprofundarmos nesses conceitos, veremos que o que o mercado oferece de mais certo é a incerteza. O conceito do "cisne negro" (um evento inesperado de grande magnitude e consequência), muito enfatizado durante a pandemia, reforça essas visões e obriga, portanto, as organizações a buscar formas de se preparar, mesmo sem saber muito bem para o quê.

Do ponto de vista da arquitetura corporativa, ter um plano e segui-lo é inegociável; o que se faz para adaptar-se à agilidade é mensurar o tempo mais adequado para o qual esse plano foi redigido. Em startups, um plano de longo prazo pode ser planejar a TI para um trimestre.

Faz-se necessário então que a arquitetura passe da função de avaliadora de cenários para a de definidora de restrições (no sentido de delimitar até onde as soluções podem chegar ou não em termos de tecnologia). Essa "inversão de jogo" é o que dá fôlego aos times de arquitetura para exercerem seu papel estratégico sem serem soterrados pelo dia a dia tático operacional.

15.6. A dupla convivência

Como conclusão, o executivo consciente precisa ter em mente que a agilidade e seus métodos correlatos trouxeram e trazem sim diversas vantagens para o negócio. Porém, sem uma visão arquitetural, não apenas focada na entrega do produto, mas também em seus impactos na organização em termos tecnológicos e temporais, "agilidade" não vai ser nada além de uma *buzzword*.

16. Como organizar a TI

Danilo Marçal

O talento vence jogos, mas só o trabalho em equipe ganha campeonatos.

Michael Jordan

Antes de iniciarmos, precisamos entender quais são os tipos de estruturas organizacionais:

- **Estrutura vertical:** empresa organizada por função ocupacional (relacionada com os cargos departamentais).
- **Estrutura horizontal:** organizada por função empresarial (relacionada com as responsabilidades da empresa para com as pessoas: clientes, acionistas e empregados).
- **Estrutura matricial:** Combinação das duas estruturas mencionadas anteriormente.

Estruturas de modelos especializados, que fabricam poucos tipos de produtos, tendem a utilizar estruturas verticais. Estruturas de modelos uniformes, que fabricam vários tipos de produtos, tendem a utilizar estruturas horizontais ou mistas.

Podemos concluir o assunto sobre estrutura organizacional mencionando que, através dos modelos mencionados, podemos desdobrar esses tipos em várias outras estruturas, como funcional, divisional, em rede e por projetos. O nosso foco aqui é falarmos sobre como organizar a TI, e o conceito de estrutura é importante para podermos evoluir nessa jornada.

Para que a estrutura organizacional da TI esteja alinhada à estratégia corporativa, cito dois importantes *frameworks*, o COBIT® e a ITIL®. Vou iniciar uma explanação sobre o COBIT® e como ele pode direcionar a estrutura organizacional da TI para a estratégia da empresa. Antes de seguir, é importante ressaltar que um *framework* é um conjunto de práticas que servem como guia sobre o que pode ou não ser utilizado em sua totalidade, ou seja, de acordo com a sua necessidade.

16.1. COBIT®

O COBIT® 2019 é a sexta versão, ou seja, a mais atualizada do *framework* até o momento criado pela ISACA (*Information Systems Audit and Control Association*), uma associação internacional que suporta e patrocina o desenvolvimento de metodologias e certificações para o desempenho das atividades de auditoria e controle em sistemas da informação.

COBIT® (*Control Objectives for Information and Related Technology*) se refere a todo o processamento da informação que a empresa implementa para atingir seus objetivos de negócio, independentemente do local em que ela é processada no contexto da organização. Também aborda questões de governança, agrupando os componentes relevantes em áreas de foco que podem ser gerenciadas nos níveis de maturidade e capacidade exigidos.

O COBIT® 2019 define componentes para construir e sustentar um sistema de governança e gestão corporativa de TI, contemplando processos, políticas e procedimentos, estruturas organizacionais, fluxos de informação, capacidades, habilidades, infraestrutura, cultura, ética e comportamentos. Esses componentes foram referidos como "habilitadores" no COBIT® 5, versão anterior.

O COBIT® 2019 possui 40 objetivos de governança e gestão, organizados em cinco domínios:

- EDM (*Evaluate, Direct and Monitor*), com cinco objetivos estratégicos.
- APO (*Align, Plan and Organize*), com 14 objetivos gerenciais.
- BAI (*Build, Acquire and Implement*), com 11 objetivos gerenciais.
- DSS (*Deliver, Service and Support*), com seis objetivos gerenciais.
- MEA (*Monitor, Evaluate and Assess*), com quatro objetivos gerenciais de monitoramento.

A gestão de desempenho COBIT® se aplica a todos os objetivos e atividades e se baseia na análise do CMMI.

Algumas melhorias que o COBIT® 2019 trouxe em comparação à sua versão anterior:

- Melhorias na abordagem sobre a importância da governança e da gestão corporativa de TI para a empresa.
- Novas tendências em tecnologia.
- Padrões e métodos de trabalho mais atualizados.
- Mais flexível.
- Introduz o conceito de área de foco.
- É percebido como mais prescritivo.
- Tornou-se um instrumento melhor para gerenciar o desempenho de TI.
- Novo recurso de colaboração *on-line*.
- Agora suporta a tomada de decisão.

A composição do *framework* é baseada em:

- **Área de foco:** o objetivo principal é definir o desenho do sistema de governança e gestão conforme necessidades, estratégias, solicitações, regulamentações, normas de mercado e novas tecnologias.
- **Fatores de desenho:** de acordo com a área de foco, o fator de desenho pode influenciar o desenho do sistema de go-

vernança de uma organização e posicioná-la para o sucesso abrangendo os seguintes tópicos:

- *Enterprise Strategy*
- *Enterprise Goals*
- *Risk Profile*
- *I&T Related Issues*
- *Threat Landscape*
- *Compliance Requirements*
- *Role of IT*
- *Sourcing Model for IT*
- *IT Implementation Methods*
- *Technology Adoption Strategy*
- *Enterprise Size*

- **Sistema de governança e gestão:** entendimento da empresa e do contexto da estratégia, determinação do escopo inicial do sistema de governança, refinamento do escopo do sistema de governança e conclusão do desenho do sistema de governança. Possui os seguintes tópicos:
  - *Processes*
  - *Organizational Structures*
  - *Principles, Policies, Procedures*
  - *Information*
  - *Culture, Ethics and Behavior*
  - *People, Skills and Competencies*
  - *Service, Infrastructure and Applications*
- **Objetivos de governança e gestão:** conforme desenho do sistema de governança, serão aplicados os objetivos necessários para atingir o sucesso e os resultados desejados.

- EDM:
  - EDM01: *Ensured Framework Setting and Maintenance*
  - EDM02: *Ensured Benefits Delivery*
  - EDM03: *Ensured Risk Optimization*
  - DM04: *Ensured Resource Optimization*
  - EDM05: *Ensured Stakeholder Engagement*
- APO:
  - APO01: *Managed I&T Management Framework*
  - APO02: *Managed Strategy*
  - APO03: *Managed Enterprise Architecture*
  - APO04: *Managed Innovation*
  - APO05: *Managed Portfolio*
  - APO06: *Managed Budget and Costs*
  - APO07: *Managed Human Resources*
  - APO08: *Managed Relationship*
  - APO09: *Managed Service Agreements*
  - APO10: *Managed Vendors*
  - APO11: *Managed Quality*
  - APO12: *Managed Risk*
  - APO13 *Managed Security*
  - APO14: *Managed Data*
- BAI:
  - BAI01: *Managed Programs*
  - BAI02: *Managed Requirements Definition*
  - BAI03: *Managed Solutions Identification and Build*
  - BAI04: *Managed Availability and Capacity*
  - BAI05: *Managed Organization Change*

- BAI06: *Managed IT Changes*
- BAI07: *Managed IT Change Acceptance and Transitioning*
- BAI08: *Managed Knowledge*
- BAI09: *Managed Assets*
- BAI10: *Managed Configuration*
- BAI11: *Managed Projects*

- DSS:
  - DSS01: *Managed Operations*
  - DSS02: *Managed Service Requests and Incidents*
  - DSS03: *Managed Problems*
  - DSS04: *Managed Continuity*
  - DSS05: *Managed Security Services*
  - DSS06: *Managed Business Process Controls*
- MEA:
  - MEA01: *Managed Performance and Confor*mance *Monitoring*
  - MEA02: *Managed System of Internal Control*
  - MEA03: *Managed Compliance with External Requirements*
  - MEA04: *Managed Assurance*

Como visto, o sistema de governança do COBIT® 2019 é bem completo. Ao aplicarmos os desdobramentos do desenho, teremos clareza em como seguir com as ações corretas para alcançar o resultado.

A principal função do COBIT® é alinhar a estratégia da TI empregando governança e segurança como pilares de criação de valor. Como um guia, o *framework* é composto por:

- ***Enterprise Governance of IT:*** definição da governança corporativa e de TI.

- ***Business/IT Alignment:*** alinhamentos de negócio e de TI, fundamentais.
- ***Value Creation:*** realização dos benefícios, otimização dos riscos e otimização dos recursos.

Um dos pontos do *framework* que traz tanto sucesso e garante o alcance dos resultados é que ele se alinha a padrões de mercado, como ISO 38500, ISO 27002 e ISO 2000, além de se alinhar também com metodologias como PRINCE2®, *PMBOK® Guide, Scrum, DevOps,* CMMI, *Lean* e outros *frameworks* como TOGAF® e ITIL®.

Outro ponto importante é que o COBIT® 2019 traz consigo um sistema robusto de monitoramento e avaliação do alcance dos seus resultados.

16.2. ITIL®

Agora que conhecemos um pouco sobre o COBIT® 2019, vamos falar de outro *framework* que julgo extremamente importante, a ITIL®.

A ITIL (*Information Technology Infrastructure Library)* foi desenvolvida em 1980 pela CCTA (*Central Computer and Telecommunications Agency*), atualmente OGC (*Office of Government Commerce*), e hoje é registrada pela AXELOS. A ITIL® se tornou um padrão para as melhores práticas nos processos de gerenciamento de serviços de TI, recebendo informações e contribuições do ITSMF (*IT Service Management Forum*), organização sem fins lucrativos que promove as práticas de gerenciamento de serviços no mundo.

ITIL® é um *framework* público e tem a participação de toda a comunidade de profissionais por meio de treinamentos, certificações e encontros, sendo um modelo independente de plataforma tecnológica, neutra em relação a fornecedor e não traz aqui como fazer, pois não é um modelo prescritivo. A ITIL® deu origem à ISO/IEC 20000 e é a primeira norma editada que versa sobre o gerenciamento de serviços de TI.

As melhores práticas da ITIL® começaram então a ser desenvolvidas nos anos 80 e estão presentes até hoje em muitos países e organizações. Ao longo dos anos, surgiu a necessidade de melhorar os processos e adaptá-los às novas necessidades das organizações. A partir das melhorias, foram lançadas novas versões do *framework*:

- ITIL®V1: publicada nos anos 90, contendo 30 livros.
- ITIL®V2: publicada em meados dos anos 2000, contendo sete livros, sendo *Service Delivery e Service Support* os dois principais
- ITIL®V3: publicada em maio de 2007, contendo cinco livros principais. Nesta versão, o nome do *framework* passou a ser chamado de "Práticas de Gerenciamento de Serviços da ITIL®".
- Em julho de 2011, uma atualização da ITIL®V3 foi lançada.
- ITIL®V4: publicada no primeiro trimestre de 2019, a versão mais atualizada.

Hoje o Brasil possui representatividade na comunidade e faz parte das atualizações e melhorias das boas práticas que são discutidas para as próximas versões.

O *framework* possui vários tipos de certificações, de acordo com os níveis e as necessidades de cada segmento.

A versão ITIL®V4 foca na cocriação de valor e na transformação digital, ou seja, como as boas práticas de atendimento de serviços podem melhorar a experiência do cliente e trazer valores estratégicos como resultados.

A compreensão compartilhada dos principais conceitos e terminologias da ITIL® é fundamental para lidar com os desafios do gerenciamento de serviços do mundo real.

Importante mencionar uma plataforma de uso mundial sem a qual não há como fazer uma gestão eficiente e eficaz dos serviços prestados pela TI: estamos falando do famoso ITSM (*Information Technology Service Management*) ou Gestão de Serviços de TI. No mercado há muitas plataformas de ITSM e a maioria delas usa a ITIL® como *framework* orientativo para compor as suas funcionalidades.

A ITIL® agrega valor, emprega a utilidade, garantia e resultados e avalia custos e riscos em gerenciamento de serviços. O principal objetivo do sistema de valor de serviços da ITIL® é garantir que a organização colabore continuamente com todas as partes interessadas através do uso e gerenciamento de produtos e serviços. O SVS (Sistema de Valores de Serviço) inclui os seguintes componentes:

- Princípios orientadores.
- Governança.
- Cadeira de valor de serviços.
- Práticas.
- Melhoria contínua.

A entrada do SVS são as oportunidades e demandas que levam à criação de valor e a saída é o valor agregado adquirido como parte do sistema.

O foco no valor pode ser relacionado a vários pontos, como redução de custo, otimização, agilidade e/ou experiência do cliente.

A ITIL® possui como princípios orientadores:

- **Foco no valor:** tudo o que a organização faz deve se vincular, direta ou indiretamente, ao valor para si, seus clientes e outras partes interessadas.
- **Comece onde você está:** no processo de eliminar métodos ou serviços antigos e malsucedidos e criar algo melhor, pode haver uma grande tentação de remover o que foi feito no passado e construir algo completamente novo. Isso raramente é necessário ou uma decisão sábia.
- **Colabore e promova a visibilidade:** quando as iniciativas envolvem as pessoas certas nos papéis corretos, os esforços se beneficiam de uma melhor adesão, maior relevância e maior probabilidade de sucesso a longo prazo.

- **Progresso iterativo com *feedback*:** resista à tentação de fazer tudo de uma vez. Mesmo grandes iniciativas devem ser realizadas iterativamente. Ao organizar o trabalho em seções menores e gerenciáveis que podem ser executadas e concluídas em tempo hábil, o foco em cada esforço será mais nítido e fácil de manter.
- **Mantenha o simples e prático:** sempre use o número mínimo de etapas necessárias para atingir um objetivo. O pensamento baseado em resultados deve ser usado para produzir soluções práticas que forneçam resultados valiosos.
- **Pense e trabalhe holisticamente:** nenhum serviço, prática, parte interessada, departamento ou fornecedor está sozinho.
- **Otimize e automatize:** as organizações devem maximizar o valor do trabalho realizado por seus recursos humanos e técnicos.

Para a cocriação de valor e o gerenciamento de serviços, o ITIL®V4 emprega quatro dimensões necessárias e documentações do sistema de valor de serviço:

- **Organizações e pessoas:** a complexidade das organizações está crescendo, e é importante garantir que a maneira como uma organização é estruturada e gerenciada, bem como suas funções, responsabilidades e sistemas de autoridade e comunicação, seja bem definida e apoie sua estratégia geral e modelo operacional.
- **Informações e tecnologia:** essa dimensão inclui informações e conhecimentos necessários para o gerenciamento de serviços, bem como as tecnologias necessárias. Também incorpora as relações entre os diferentes componentes da SVS, como as entradas e saídas de atividades e práticas.
- **Parceiros e fornecedores:** engloba os relacionamentos de uma organização com outras empresas envolvidas no projeto, no desenvolvimento, na implantação, na entrega, no suporte e/ou na melhoria contínua dos serviços.

- **Fluxos de valor e processos:** está relacionada à forma como as várias partes da organização trabalham de forma integrada e coordenada para permitir a criação de valor por meio de produtos e serviços.

As quatro dimensões levam em consideração os fatores políticos, econômicos, sociais, tecnológicos, legais e ambientais da organização.

As atividades a seguir representam as etapas para a criação de valor.

- **Plano:** o propósito é garantir uma visão compartilhada dos status e da direção da implantação das quatro dimensões e de todos os produtos e serviços da organização.
- **Melhoria:** o propósito é garantir a melhoria contínua de produtos, serviços e práticas em todas as atividades da cadeia de valor e as quatro dimensões do gerenciamento de serviços.
- **Engajar:** o propósito é fornecer uma clara compreensão das necessidades das partes interessadas, transparência, envolvimento contínuo e bom relacionamento com todas as partes interessadas.
- **Desenho e transição:** o propósito é garantir que os produtos e serviços atendam continuamente às expectativas das partes interessadas em termos de qualidade, custos e tempo de colocação em ambiente de produção.
- **Obter/construir:** o propósito é garantir que os componentes de serviço estejam disponíveis quando e onde forem necessários, e atendam às especificações acordadas.
- **Entrega e suporte:** o propósito é garantir que os serviços sejam prestados de acordo com as especificações acordadas e as expectativas das partes interessadas.

A ITIL®V4 possui como elemento central da SVS a cadeia de valor de serviços, sendo um modelo operacional que desenha as principais atividades para responder à demanda e facilitar a criação de valor por meio do gerenciamento de produtos e serviços.

A ITIL®V4 também emprega práticas-chave para o gerenciamento de serviços. Elas são divididas em:

- **Práticas Gerais de Gerenciamento:** adaptadas e adotadas para gerenciamento de serviços aplicados a negócios em geral.
- **Práticas de Gerenciamento de Serviços:** desenvolvidas para o gerenciamento de serviços de TI (ITSM).
- **Práticas de Gerenciamento da Tecnologia:** adaptadas de domínios de gerenciamento de tecnologia para fins de gerenciamento de serviços, expandindo ou mudando seu foco de soluções de tecnologia para serviços de TI.

A seguir, a lista de tópicos incluídos nas práticas:

- Práticas Gerais de Gerenciamento (14):
  - Melhoria Contínua
  - Arquitetura
  - Gerenciamento de Segurança
  - Gerenciamento do Conhecimento
  - Medição & Relatórios
  - Gerenciamento da Mudança Organizacional
  - Gestão de Portfólio
  - Gerenciamento de Projetos
  - Gerenciamento de Relacionamento de Serviços
  - Gerenciamento de Riscos
  - Gerenciamento Financeiro do Serviço
  - Gerenciamento da Estratégia
  - Gerenciamento de Fornecedores
  - Gerenciamento de Talentos

- Práticas de Gerenciamento de Serviços (17):
    - Gerenciamento de Disponibilidade
    - Análise de Negócio
    - Gerenciamento de Capacidade e Desempenho
    - Gerenciamento de Continuidade de Serviços
    - Gerenciamento de Nível de Serviços
    - Desenho do Serviço
    - Habilitação ou Controle de Mudança
    - Gerenciamento de Liberação
    - Gerenciamento de Ativos de TI
    - Gerenciamento de Configuração de Serviços
    - Gerenciamento de Catálogo de Serviços
    - Monitoramento e Gerenciamento de Eventos
    - Gerenciamento de Problemas
    - Gerenciamento de Incidentes
    - Gerenciamento de Requisição de Serviços
    - Central de Serviços
    - Gerenciamento de Teste e Validação de Serviços
- Práticas de Gerenciamento da Tecnologia (3):
    - Gerenciamento de Implantação
    - Gerenciamento de Plataforma e Infraestrutura
    - Gerenciamento e Desenvolvimento de Software

Um ponto importante é que nem tudo que está dentro da ITIL® precisa ser utilizado, basta entender quais são as suas necessidades e qual prática empregar. Porém, como todo *framework*, a ITIL® não diz como fazer – nesse caso, busque uma metodologia que utilize a ITIL® como base. Posso mencionar a metodologia da HDI Brasil, um instituto de ensino e pesquisa que é referência no desenvolvimento do segmento de gestão de serviços de TI, *service desk*, suporte técnico, *workplace services* e correlatos. Por meio de cursos/treinamentos e certificações de centrais de suporte em diversos níveis e mercados, bem como congressos promovidos em todo o planeta, auxilia no desenvolvimento dos profissionais individualmente e das operações, com assessoria especializada baseada em padrões internacionais.

16.3. Conclusão

Agora que falamos sobre estruturas organizacionais, citamos dois importantes *frameworks* de apoio e mencionamos aqui algumas metodologias e padrões de mercado, fica a pergunta: como organizar a TI de forma estratégica e alinhada à corporação?

A resposta é: não basta dominar f*rame*works, boas práticas, metodologias e padrões de mercado. Eles lhe darão uma boa base teórica do que deve ser feito e como, porém o principal é: entenda a necessidade do seu negócio, o propósito da empresa, a visão, a missão e os valores, e alinhe as expectativas com a alta liderança. Acima de tudo, crie influência com todos os *stakeholders* e pessoas que podem de certa forma ter relevância para o seu trabalho.

Conquiste a liderança do seu time, seja exemplo e mostre a direção para onde todos devem seguir. Entenda também quais são as metas de sua liderança e desdobre-as junto ao seu time. Essas metas precisam ser SMART e sustentáveis. Tenha ciência de que não é a quantidade de pessoas que fará as entregas acontecerem, mas as pessoas certas nos lugares corretos com qualidade. Então, identifique seus talentos, foque no desenvolvimento das pessoas e deixe elas trabalharem com autonomia.

Desenvolva indicadores de acompanhamento do avanço das metas e atue o quanto antes quando identificar desvios, sempre buscando o desenvolvimento das pessoas e a alta performance. Lembre-se sempre: um bom líder, um executivo sênior, tem como principal dever organizar a TI de forma estratégica para alcançar os resultados da corporação desenvolvendo pessoas, olhando o mercado e as tendências, utilizando os indicadores e dados para tomadas de decisões rápidas e sendo o elo estratégico principal de todas as áreas para que os resultados sejam alcançados.

Finalizo este capítulo mencionando que, além de tudo que foi passado, está cada vez mais comum a TI utilizar o guia para o corpo de conhecimento de análise de negócios ou BABOK® (*Business Analysis Body of Knowledge*). Muitas TIs estão criando uma área com o título de BRM (*Business Relationship Management*), com foco exclusivo em negócios. Essa área emprega o BABOK® para se tornar mais estratégica, contratando diversas pessoas com formações diferentes de TI para cargos como *Business Partner*, para traduzir as necessidades da empresa em soluções tecnológicas.

PARTE V. FUTURO PARA O CIO

Organizador: Taiolor Morais

Se você consegue sonhar algo, consegue realizá-lo!

Walt Disney

Esta parte aborda estratégias para o CIO/CTO lidar com o que vem pela frente, desenvolvendo um plano diretor de TI e um planejamento estratégico da TI, bem como as características do CIO do futuro, inovação, *coaching* e transição de carreira para a área de negócio.

17. Agenda de TI

Alessandro Fernandes
Taiolor Morais

A estratégia de TI de uma empresa é decisiva para garantir que os recursos tecnológicos estejam alinhados de forma eficaz com os objetivos do negócio e suportem as operações da organização de maneira eficiente. Nesse cenário, o Plano Diretor de Tecnologia da Informação (PDTI), o Planejamento Estratégico de TI (PETI) e o *Roadmap* de TI são ferramentas essenciais para orientar e estruturar esse alinhamento.

Propósito da TI Suportar a evolução do negócio e a inteligência				
01 Aprimorar as governanças de dados e de TI	**02** Inovar e modernizar soluções	**03** Estabelecer parcerias em infraestrutura e desenvolvimento para suportar o negócio	**04** Preparar as pessoas para a evolução do negócio	**05** Garantir a segurança

17.1. Importância do PDTI (Plano Diretor de Tecnologia da Informação)

O PDTI serve como um plano mestre para a gestão dos recursos e processos de TI dentro de uma organização. Ele detalha os objetivos de TI que derivam diretamente dos objetivos estratégicos da empresa, proporcionando uma visão clara de como a tecnologia pode ser utilizada para atingir esses fins. O PDTI é fundamental porque:

- **Define prioridades:** identifica quais projetos de TI devem ser priorizados para maximizar o retorno sobre o investimento e o impacto nos objetivos de negócios.
- **Melhora a coordenação:** assegura que todos os departamentos estejam alinhados com a estratégia de TI, evitando esforços duplicados e maximizando o uso de recursos.
- **Facilita a comunicação:** serve como um documento de referência para todas as partes interessadas, clarificando os planos de TI e garantindo que todos estejam na mesma página.

17.2. Importância do PETI (Planejamento Estratégico de TI)

O PETI é uma extensão do planejamento estratégico corporativo, focado especificamente nos aspectos tecnológicos. Ele é importante porque:

- **Alinha TI e estratégia de negócios:** garante que as iniciativas de TI estejam em perfeita sintonia com a direção estratégica da empresa.
- **Antecipa mudanças:** permite que a TI se prepare e se adapte às mudanças do mercado e às inovações tecnológicas, assegurando que a empresa mantenha uma vantagem competitiva.
- **Otimiza recursos:** ajuda a organização a investir de forma inteligente em tecnologia, evitando gastos desnecessários e maximizando a eficiência operacional.

17.3. Importância do *Roadmap* de TI

O *Roadmap* de TI é um cronograma que detalha quando e como os objetivos específicos do PDTI e do PETI serão alcançados. Este documento é vital porque:

- **Proporciona clareza operacional:** mostra os passos a serem seguidos, ajudando a gerenciar as expectativas e o progresso.
- **Facilita a gestão de projetos:** ajuda na organização e no acompanhamento de múltiplos projetos de TI, garantindo que sejam entregues dentro do prazo e do orçamento.
- **Permite ajustes dinâmicos:** oferece uma visão de longo prazo que pode ser ajustada conforme as necessidades da empresa e as mudanças tecnológicas evoluem.

Em resumo, a estratégia de TI de uma empresa, apoiada por um PDTI, um PETI e um *Roadmap* de TI bem elaborados, é chave para garantir que os investimentos em tecnologia sejam feitos de maneira inteligente e estratégica.

Governança de TI			
PETI >>> PDTI			
Comitê Estratégico de TI			
Comitê Tático de TI			
Arquitetura de TI			
Gerência de Projetos de TI	Gerência de Serviços de TI	Gerência de Processos de TI	Gerência de indicadores de TI
Gestão de Riscos de TI			

Legenda: preto – artefatos; cinza – entidades; branco – conhecimentos.

O Plano Diretor de Tecnologia da Informação (PDTI) e o Plano Estratégico de Tecnologia da Informação (PETI) são dois conceitos importantes na governança de TI, mas têm focos e escopos diferentes. Aqui estão as quatro principais diferenças entre eles:

Diferenças conceituais PDTI *versus* PETI		
Visão	**PDTI** **Plano Diretor de Tecnologia da Informação**	**PETI** **Plano Estratégico de Tecnologia da Informação**
Foco e propósito	Detalha as ações para atingir os objetivos de TI da organização, considerando necessidades presentes e futuras. Ele é mais operacional e tático, delineando projetos, recursos, responsabilidades e cronogramas para implementar as estratégias de TI	É amplo e estratégico, delineando a visão de longo prazo para as iniciativas de TI, alinhando-as com os objetivos estratégicos da organização. Ele define direções e prioridades para o uso da tecnologia na empresa
Horizonte temporal	Tipicamente abrange um período de planejamento de curto a médio prazo, geralmente de um a três anos, concentrando-se em ações e projetos específicos a serem realizados nesse intervalo	Abrange um horizonte de longo prazo, de três a cinco anos ou mais, considerando tendências tecnológicas futuras e alinhando-se com a estratégia corporativa de longo prazo
Detalhamento	Especifica recursos, responsabilidades e cronogramas para cada projeto ou ação. Engloba gestão de recursos humanos, infraestrutura, orçamentos e riscos	WEnfoca diretrizes e objetivos estratégicos, com menos detalhes sobre a implementação específica de projetos individuais
Integração com a estratégia corporativa	Ambos devem estar alinhados com a estratégia corporativa, mas o PETI é especialmente projetado para garantir que todas as iniciativas de TI estejam diretamente alinhadas com as metas de negócio de longo prazo da organização	

Em resumo, enquanto o PDTI é um instrumento tático e detalhado para implementar a estratégia de TI, o PETI é um documento mais estratégico e visionário, focado em como a tecnologia pode impulsionar a organização ao longo do tempo e ajudar a alcançar suas metas estratégicas gerais. Ambos são cruciais para a gestão eficaz da TI e para garantir que a tecnologia sirva como um verdadeiro motor de crescimento e inovação dentro de uma organização.

17.4. Como elaborar um PDTI

A elaboração de um PDTI envolve várias etapas, cada uma utilizando diferentes ferramentas, frameworks e técnicas. Vamos detalhar como fazer um PDTI e quais recursos podem ser utilizados em cada etapa:

PDTI Plano Diretor de Tecnologia da Informação			
Ação	**Ferramenta**	**Técnica**	***Framework***
Preparação e definição de escopo	Documentos de estratégia corporativa, entrevistas, questionários	*Workshops* com *stakeholders* para definir o escopo do PDTI, incluindo objetivos, prazos e recursos necessários	ITIL® para entender as capacidades de gestão de serviços de TI que serão necessárias
Análise da situação atual	Ferramentas de inventário de TI, software de análise de rede, questionários internos	Auditorias de TI para avaliar a infraestrutura atual, software, hardware e capacidades de pessoal	SWOT (*Strenths, Weaknesses, Opportunities, Threats*) para avaliar internamente pontos fortes, fracos, oportunidades e ameaças.
Definição de requisitos de TI	Sessões de *brainstorming*, entrevistas com usuários finais e gestores	Análise de requisitos para coletar e documentar as necessidades de TI que suportam os objetivos de negócios	COBIT® para garantir alinhamento com as melhores práticas de governança de TI

Elaboração de estratégias e soluções de TI	Software de modelagem de processos, plataformas de colaboração	*Benchmarking* para comparar soluções e práticas de mercado, definição de soluções de TI baseadas em análises custo-benefício	TOGAF® para o desenvolvimento de uma arquitetura de TI adequada às necessidades identificadas
Gestão de mudanças e implementação	Ferramentas de gestão de mudanças, como Prosci ADKAR® ou *Change Management Toolkit*	Treinamento e comunicação contínua para garantir aceitação das mudanças por parte dos usuários	*Agile* para implementação flexível e adaptável das soluções de TI
Monitoramento e avaliação	Software de BI para relatórios de desempenho, ferramentas de análise de dados	Definição de KPIs específicos para monitorar o sucesso das iniciativas de TI	*Balanced Scorecard* para alinhar os indicadores de desempenho de TI com os objetivos estratégicos da empresa
Revisão e atualização do PDTI	Sistemas de *feedback*, reuniões de revisão	Avaliações periódicas do plano e ajustes baseados em *feedback* e mudanças tecnológicas ou de negócios	Ciclo PDCA (*Plan-Do-Check-Act*) para uma melhoria contínua do PDTI

17.5. Como elaborar um PETI

Aqui estão os passos para fazer um PETI, juntamente com técnicas, ferramentas e *frameworks* recomendados para cada etapa:

PETI Plano Estratégico de Tecnologia da Informação			
Ação	**Ferramenta**	**Técnica**	***Framework***
Definição de objetivos de negócio	Documentação estratégica corporativa, relatórios de desempenho	Entrevistas com executivos e *stakeholders* para capturar visões e expectativas estratégicas	*Balanced Scorecard* para alinhar os objetivos de TI com as metas estratégicas de negócios
Análise do ambiente atual	Ferramentas de diagnóstico de TI, softwares de auditoria	Auditorias de infraestrutura, análises de desempenho operacional e tecnológico	SWOT para identificar forças, fraquezas, oportunidades e ameaças no ambiente de TI
Definição de visão e estratégia de TI	Software de mapeamento estratégico e modelagem de processos	*Workshops* de estratégia para desenvolver uma visão compartilhada entre TI e negócios	TOGAF® para ajudar na definição da arquitetura de TI que suportará a estratégia
Estabelecimento de objetivos e metas de TI	Ferramentas de gestão de projetos e planejamento estratégico	Definição de objetivos SMART (Específicos, Mensuráveis, Alcançáveis, Relevantes, Temporais) para garantir clareza e concretizar sua realização	ITIL® para garantir que os serviços de TI sejam planejados para atender efetivamente às necessidades do negócio

Implementação e monitoramento	Sistemas de monitoramento e gestão de desempenho	Monitoramento contínuo usando KPIs definidos; ajustes regulares baseados em desempenho	*Scrum* ou outras metodologias ágeis para uma implementação adaptável e responsiva
Avaliação e revisão	Ferramentas de análise de *feedback* e software de gestão de desempenho	Revisões periódicas e avaliações de impacto para medir o sucesso e fazer ajustes	Ciclo PDCA (*Plan-Do-Check-Act*) para uma melhoria contínua
Gestão de mudanças	Ferramentas de gestão de mudanças, como Prosci ADKAR®	Programas de treinamento, comunicação efetiva e envolvimento de *stakeholders*	*Framework* de gestão de mudanças para facilitar e acelerar a aceitação das mudanças por parte de todos os usuários afetados

Notem que ambos (PDTI) e (PETI) sugerem como *framework* a análise SWOT, que pode ser otimizada para ser realizada uma única vez, porém deverá se observar que as necessidades são diferentes, pois um avalia a situação atual e o outro o ambiente atual.

17.6. Como elaborar um *Roadmap* de TI

Após o desenvolvimento do PETI e do PDTI, o próximo passo é a criação de um *Roadmap* de TI. Ele serve como um guia visual e cronológico que detalha os principais projetos e iniciativas de TI, mostrando como eles serão implementados ao longo do tempo para atingir os objetivos estabelecidos nos planejamentos estratégicos. A seguir, uma sugestão de guia passo a passo sobre como fazer um *Roadmap* de TI, incluindo técnicas, ferramentas e *frameworks* recomendados para cada etapa:

Roadmap de TI			
Ação	**Objetivo**	**Técnica**	***Framework***
Revisão de PETI e PDTI	Garantir que o *roadmap* esteja alinhado com as estratégias e os objetivos definidos	Análise documental dos planos estratégicos para entender as prioridades de TI	Documentos estratégicos, relatórios de planejamento
Identificação de projetos e iniciativas	Listar todas as iniciativas necessárias para cumprir os objetivos de TI estabelecidos	*Brainstorming* com a equipe de TI, revisões de requerimentos de negócios	Software de colaboração e gestão de ideias como Microsoft Teams ou Asana
Priorização de projetos	Organizar os projetos por importância e impacto para o negócio	Matriz de Priorização, Matriz GUT, Análise de Impacto x Urgência	Softwares de análise de decisão como Excel ou ferramentas específicas de priorização
Definição de marcos e cronograma	Estabelecer um cronograma para a implementação de projetos	Técnicas de gestão de projetos para definir marcos e datas-chave	Microsoft Project, Smartsheet ou outros softwares de gestão de projetos
Alocação de recursos	Definir os recursos necessários (humanos, financeiros, técnicos) para cada projeto	Planejamento de recursos, análise de carga de trabalho	Ferramentas de planejamento de recursos como Resource Guru ou Planview
Desenvolvimento do *roadmap* visual	Criar um documento visual que resuma o plano ao longo do tempo	Design de informação para facilitar a compreensão e a comunicação	Ferramentas de design de *roadmap* como Roadmunk, Aha! ou Lucidchart
Revisão e ajuste	Assegurar que o *roadmap* esteja completo e preciso antes da implementação	Revisões de equipe, *feedback* das partes interessadas	Sessões de revisão, ferramentas de *feedback*

Monitoramento e atualização contínua	Manter o *roadmap* atualizado conforme o progresso e as mudanças nas circunstâncias do negócio	Revisões periódicas, avaliações de progresso	Sistemas de gestão de projetos para monitorar o progresso e ajustar o planejamento conforme necessário

Ao desenvolver um *Roadmap* de TI e gerenciar projetos de tecnologia, diversos *frameworks* podem ser extremamente úteis para organizar, planejar e executar as estratégias de TI de forma eficaz. Além disso, a realização de apresentações executivas periódicas é relevante para manter todas as partes interessadas informadas e engajadas. Vamos detalhar alguns *frameworks* relevantes e discutir como realizar uma apresentação executiva eficaz.

Frameworks		
Nome	**Objetivo**	**Aplicação**
TOGAF® (*The Open Group Architecture Framework*)	Ajuda a desenhar a arquitetura de TI que suportará os objetivos de negócio da empresa	Utilizado para planejar e implementar mudanças estruturais que garantem que a arquitetura de TI esteja alinhada com as necessidades do negócio
ITIL® (*Information Technology Infrastructure Library*)	Oferece práticas detalhadas para gestão de serviços de TI que ajudam a alinhar os serviços de TI com as necessidades dos negócios	Pode ser usada para garantir que a gestão de serviços de TI seja feita de forma eficiente e que os serviços de TI entreguem valor para o negócio
PRINCE2® (*Projects IN Controlled Environments*)	*Framework* de gerenciamento de projetos que foca no controle e na organização de todas as fases do projeto	Ideal para gerenciar projetos dentro do *Roadmap* de TI, garantindo que eles sejam entregues no tempo e com os recursos previstos
***PMBOK® Guide* (*Project Management Body of Knowledge*)**	Conjunto de práticas padrão para gerenciamento de projetos	Utilizado para gerenciar a execução dos projetos de TI, abordando áreas de conhecimento como escopo, tempo, custos, qualidade, recursos humanos, comunicação, riscos e aquisições

Agile e Scrum	Metodologias ágeis para gestão e execução de projetos de desenvolvimento de software	Permite uma implementação flexível e iterativa de projetos dentro do *Roadmap*, especialmente útil para projetos que requerem rapidez e adaptabilidade às mudanças

17.7. Realizando uma apresentação executiva periódica

A apresentação executiva é uma oportunidade para compartilhar atualizações, progressos, desafios e ajustes no *Roadmap* de TI. É uma ferramenta essencial para garantir transparência e apoio das lideranças. Veja como fazer uma apresentação eficaz:

1. **Preparação:** colete dados atualizados sobre o progresso dos projetos. Prepare *slides* claros e diretos, utilizando gráficos, tabelas e métricas de desempenho.
2. **Estrutura da apresentação:**
   - **Introdução:** recapitule os objetivos e a visão do *Roadmap* de TI.
   - **Progresso atual:** mostre o status dos projetos, destacando conquistas e marcos alcançados.
   - **Desafios e soluções:** apresente os problemas encontrados e as medidas tomadas para resolvê-los.
   - **Próximos passos:** descreva as próximas etapas do plano.
   - ***Feedback* e discussão:** abra espaço para perguntas e sugestões dos executivos.
3. **Comunicação efetiva:** seja claro e conciso em suas explicações. Utilize uma linguagem acessível para garantir que todos os *stakeholders*, independentemente de sua familiaridade com os termos de TI, possam entender.

4. ***Feedback* e ajustes:** encoraje o *feedback* para melhorar os processos e o próprio *Roadmap*. Use as sugestões e críticas para fazer ajustes estratégicos.

Realizar apresentações executivas periódicas mantém os *stakeholders* informados e ajuda a cultivar um ambiente de transparência e colaboração, essencial para o sucesso dos projetos de TI.

17.8. Conclusão

Ao concluir essa jornada através do universo do Planejamento Estratégico de Tecnologia da Informação (PETI), do Plano Diretor de TI (PDTI) e do *Roadmap* de TI, esperamos que você esteja equipado com os instrumentos essenciais para navegar com destreza pelos desafios do mundo sempre em expansão dos negócios e da tecnologia. Após a entrada em produção, é essencial cumprir os níveis de serviço, garantir a capacidade operacional e controlar mudanças para manter a confiabilidade.

A gestão eficaz inclui monitoramento, resposta rápida a incidentes e relatórios transparentes. Processos organizacionais bem estruturados e alinhados com a estratégia de negócios são fundamentais, assim como a gestão de riscos e o foco na segurança da informação. O PETI e PDTI, desdobrados em um *Roadmap* de TI consistente, promovem o alinhamento estratégico e operacional da empresa, divulgados publicamente para transparência e compreensão.

Arme-se com essas ferramentas e prepare-se para liderar sua organização em uma evolução tecnológica, transformando desafios em oportunidades e aspirações em realidades tangíveis. Que cada passo no seu *Roadmap* ilumine o caminho para inovações brilhantes e sucessos estrondosos, pois, com o mapa certo, até as estrelas mais distantes estão ao seu alcance!

18. CIO do futuro: um guia para líderes de TI

Wilson Cristoni Neto

À medida que o mundo se transforma de maneira acelerada, o papel dos líderes de TI – especialmente os *Chief Information Officers* (CIOs) – é mais crítico do que nunca. Este capítulo explora os desafios, as oportunidades e as responsabilidades que moldarão a próxima década para os CIOs e outros executivos de TI. Através de uma reflexão profunda sobre adaptação tecnológica, segurança cibernética, integração de TI com negócios, operações tecnológicas e governança no ambiente digital, pretendemos oferecer *insights* que preparem esses líderes para as mudanças iminentes e os inspirem a moldar ativamente o futuro de suas organizações.

18.1. Desafios e oportunidades para os CIOs

18.1.1 Adaptação a tecnologias emergentes

A era digital contemporânea demanda uma vigilância incessante e uma adaptação ágil às tecnologias emergentes. Inovações como inteligência artificial, aprendizado de máquina, *big data* e computação quântica estão transformando o cenário do que é possível alcançar. Para os CIOs, isso vai além de simplesmente se manter a par dessas tecnologias; implica liderar suas equipes rumo ao aprimoramento constante e ao desenvolvimento de novas habilidades. Uma pergunta chave que todo CIO deve fazer a si mesmo é: "como posso assegurar que minha equipe e eu não apenas estejamos atualizados, mas também preparados para liderar e inovar?".

18.1.2 Segurança cibernética e privacidade de dados

À medida que as organizações se tornam intensamente digitais, a segurança cibernética emerge como uma prioridade absoluta. O crescimento das ameaças cibernéticas, aliado ao rigor crescente das regulamentações de privacidade de dados, demanda uma vigilância contínua. É essencial que CIOs desenvolvam estratégias de segurança robustas e adaptativas que salvaguardem informações sensíveis, sem sacrificar a agilidade e a capacidade de inovação da organização.

Com uma dependência cada vez maior dos sistemas digitais, a segurança cibernética enfrenta desafios constantes. Os CIOs são chamados a enfrentar ameaças cada vez mais sofisticadas. Essa realidade exige uma abordagem proativa e dinâmica na gestão da segurança cibernética, garantindo a resiliência organizacional diante de potenciais vulnerabilidades.

18.1.3 Integração de TI com estratégias de negócios

O papel do CIO está se transformando significativamente, passando de um enfoque tradicional em infraestrutura e operações para uma posição estratégica essencial que inclui a concepção de novos modelos de negócios digitais. Essa mudança exige uma compreensão profunda dos objetivos de negócios e a capacidade de sincronizar a tecnologia com essas metas.

Além de manter as operações do dia a dia, os CIOs modernos são desafiados a antecipar tendências tecnológicas e integrá-las de maneira a proporcionar vantagens competitivas sustentáveis.

Portanto, a habilidade de alinhar a TI com a estratégia de negócios emergirá como um diferencial crítico para os líderes de TI. Eles devem atuar não só como executores técnicos, mas como consultores estratégicos, que entendem as nuances do mercado e podem aplicar tecnologia para resolver problemas complexos e explorar novas oportunidades. A eficácia com que um CIO conduz essa integração pode determinar o sucesso da organização na era digital.

18.2. Evolução e transformação das operações de tecnologia

18.2.1 Automação e orquestração

A automação está revolucionando as operações de TI, transformando-as de funções predominantemente reativas para estratégias essencialmente proativas e orientadas para o valor. Com a adoção crescente de ferramentas de orquestração e sistemas de gerenciamento automatizado, as equipes de TI são capazes de operar com maior eficiência, direcionando seus esforços para atividades que agregam significativo valor ao negócio.

Esse avanço não apenas otimiza os custos, como também aprimora a agilidade e a capacidade de resposta da organização frente às demandas. A automação libera os profissionais de TI das tarefas rotineiras e repetitivas, permitindo que se concentrem em iniciativas estratégicas, como a inovação em serviços digitais e a melhoria da experiência do cliente.

Adicionalmente, à medida que mais organizações adotam a automação, surge uma necessidade premente de requalificação e realocação da força de trabalho. Os líderes de TI devem, portanto, investir em programas de capacitação para que suas equipes possam manejar tecnologias avançadas e contribuir de forma mais estratégica.

18.2.2 *Cloud e Edge Computing*

A migração para a nuvem já se estabeleceu como uma tendência fundamental no universo da TI, consolidando-se como uma realidade incontornável para empresas que buscam escalabilidade, flexibilidade e eficiência. No entanto, olhando para a próxima década, a integração com o *edge computing* promete revolucionar ainda mais o processamento de dados, trazendo-o para mais próximo da fonte onde são gerados. Essa evolução é especialmente determinante para aplicações que demandam respostas em tempo real, como os veículos autônomos e a Internet das Coisas (IoT) industrial, serviços financeiros, serviços de defesa e proteção de países.

O *edge computing* permite que dados sejam processados quase instantaneamente, reduzindo a latência e aumentando a velocidade de resposta, o que é vital para sistemas críticos que operam em tempo real. Essa proximidade com o ponto de criação de dados melhora o desempenho e alivia a carga sobre a infraestrutura central de dados, distribuindo o processamento de forma mais eficaz e economizando largura de banda.

Para os CIOs, o desafio agora é como integrar de forma eficiente a flexibilidade e o poder de escala da nuvem com a agilidade e a capacidade de resposta do *edge computing*. Isso envolve uma abordagem estratégica que considere os seguintes pontos:

- **Determinação de carga de trabalho:** identificar quais processos e dados se beneficiarão mais com o processamento localizado do *edge computing versus* quais podem permanecer na nuvem para aproveitar suas capacidades de análise e armazenamento em grande escala.
- **Segurança e privacidade:** garantir que a segurança dos dados não seja comprometida quando distribuída entre a nuvem e dispositivos de *edge*. Isso pode incluir a implementação de protocolos robustos de criptografia e autenticação em vários pontos da rede.
- **Gerenciamento e orquestração:** utilizar ferramentas avançadas de orquestração para gerenciar recursos de nuvem e *edge* de maneira coesa. Isso assegura que as operações sejam otimizadas sem redundâncias desnecessárias e que os dados possam fluir de forma segura e eficiente entre diferentes pontos da rede.

- **Investimento em inovação:** continuar a investir em novas tecnologias que facilitarão a integração entre nuvem e *edge computing*. Isso inclui soluções que possam automatizar o balanceamento de carga e a alocação de recursos com base na análise em tempo real das necessidades operacionais.

Ao enfrentar esses desafios, os CIOs não só poderão aproveitar o melhor de ambos os mundos – a capacidade e a eficiência da nuvem combinadas com a agilidade e a proximidade do *edge computing* – como também posicionarão suas organizações na vanguarda da inovação tecnológica.

18.2.3 Sustentabilidade em TI

A sustentabilidade se apresenta como um elemento essencial na estratégia corporativa, transcendendo sua importância além da consciência ambiental para se tornar um pilar de responsabilidade corporativa e eficiência operacional. Para os CIOs, isso significa adotar uma abordagem holística para integrar práticas sustentáveis em todas as operações de TI, desde o consumo de energia até o gerenciamento do ciclo de vida dos equipamentos.

- **Estratégias de redução do consumo de energia:** o foco inicial para muitos CIOs é a redução da energia utilizada em *datacenters* e infraestruturas de TI. Isso pode ser alcançado através de tecnologias mais eficientes, como servidores de baixo consumo e sistemas de refrigeração otimizados, e pelo uso de fontes de energia renováveis para alimentar operações críticas. Adicionalmente, estratégias como virtualização de servidores e computação em nuvem podem reduzir significativamente o número de servidores físicos necessários, diminuindo o consumo de energia global.
- **Promoção da reciclagem de equipamentos:** a gestão do fim de vida dos equipamentos de TI é outro aspecto vital para a sustentabilidade. Os CIOs devem implementar políticas rigorosas de reciclagem, garantindo que os equipamentos obsoletos sejam devidamente desmontados e seus

componentes reciclados ou descartados de maneira segura e ambientalmente responsável. Parcerias com empresas certificadas para o manuseio e a disposição ecologicamente correta de resíduos eletrônicos são fundamentais para cumprir esses objetivos.

- **Adoção de soluções "verdes" de para *software*:** Recomenda-se investir em arquiteturas de software que se alinhem aos princípios de sustentabilidade, como o desenvolvimento e uso de aplicações que otimizem o uso de recursos virtualizados ou que melhorem a eficiência energética.

Essas práticas podem resultar em economias significativas de custos a longo prazo, reforçando o valor da sustentabilidade em todos os aspectos do negócio.

18.3. Governança corporativa no mundo digital

18.3.1 *Compliance* e regulamentações

À medida que as regulamentações em áreas críticas como privacidade de dados e segurança cibernética se tornam cada vez mais rigorosas, a capacidade dos CIOs de se adaptar e antecipar mudanças regulatórias se torna um fator decisivo. O ambiente regulatório, incluindo normativas como o GDPR na Europa e a LGPD no Brasil, está em constante evolução.

Os CIOs precisam estar sempre à frente das regulamentações atuais e emergentes. Ferramentas de *compliance* automatizadas e sistemas de gestão de governança, risco e conformidade (GRC) podem ser extremamente úteis para manter a organização atualizada e preparada.

Com o panorama regulatório em constante mudança, os CIOs devem também preparar suas organizações para adaptar-se rapidamente a novas leis. Isso pode incluir a formação de equipes especializadas dentro dos departamentos de TI que se concentram exclusivamente em questões de *compliance* e segurança.

Integrar plenamente as regulamentações nas práticas de governança de TI é fundamental. Implementar políticas e procedimentos que garantam a segurança dos dados e a privacidade dos usuários desde o início dos projetos de TI, conhecido como *privacy by design*, é uma prática recomendada.

18.3.2 Transparência e responsabilidade

A governança no mundo digital é um aspecto crítico que exige uma comunicação aberta e uma responsabilidade rigorosa, tanto interna quanto externamente. Essa abordagem é indispensável para construir e manter a confiança, garantindo que todas as partes interessadas – desde funcionários e clientes até reguladores e o público em geral – estejam bem informadas e seguras em relação às práticas da empresa.

No contexto digital de hoje, a transparência vai além de simplesmente divulgar informações. Ela envolve uma comunicação clara, precisa e acessível sobre como os dados são coletados, usados e protegidos. Isso inclui detalhar processos e políticas de segurança da informação, assim como as medidas em vigor para proteger contra violações de dados. Os CIOs devem garantir que essas políticas sejam facilmente acessíveis e compreensíveis para todos os *stakeholders*, fortalecendo assim a confiança e a credibilidade da organização.

A implementação de auditorias regulares e a revisão de práticas de TI são fundamentais para assegurar que a organização não apenas responda eficazmente aos desafios, mas também se antecipe a potenciais problemas.

Desenvolver uma cultura organizacional que valorize a conformidade e a ética é mandatório. Os CIOs devem liderar pelo exemplo, promovendo valores éticos e práticas de conformidade em todos os níveis da organização. Treinamentos regulares e comunicações constantes reforçam esses princípios e garantem que sejam uma parte integrante da identidade corporativa.

18.4. Conclusão

À medida que avançamos em direção a 2034, os CIOs são projetados para assumir um papel cada vez mais crítico na transformação digital das organizações. Eles não irão se limitar à gestão da infraestrutura de TI, mas também irão liderar a frente de inovação empresarial, ética tecnológica e governança digital.

A liderança em TI será essencial não apenas para superar obstáculos tecnológicos, mas também para integrar as novas ferramentas digitais com as estratégias empresariais de forma ética e responsável.

Os CIOs deverão ser capazes de pensar criticamente sobre como a tecnologia pode ser utilizada para promover a eficiência, a sustentabilidade e a inclusão social.

Este papel expandido também implica em uma responsabilidade aumentada para cultivar uma cultura de inovação contínua dentro de suas equipes, incentivando uma mentalidade que valorize a experimentação e o aprendizado contínuo. Além disso, os CIOs terão o desafio de liderar suas organizações através de mudanças regulatórias e de mercado, garantindo ao mesmo tempo que as práticas de TI permaneçam transparentes e alinhadas com as expectativas éticas e regulatórias globais.

19. A transição do CIO para uma área de negócios

Marisa Albuquerque

> *Coragem é mais estimulante do que medo e a longo prazo é mais fácil. Nós não precisamos nos tornar heróis da noite para o dia. Apenas um passo por vez, encarando cada coisa que aparecer, percebendo que não é tão terrível quanto parecia ser, descobrindo que nós temos a força para encarar.*
>
> *Eleanor Roosevelt*

E quando a paixão pela tecnologia extrapola a área de TI das empresas e invade as áreas de negócios, a mudança acontece...

Embora sua função principal seja gerenciar a tecnologia, muitos CIOs estão expandindo seus papéis para incluir responsabilidades de negócios mais amplas e, dessa forma, impactar no crescimento do negócio de forma mais direta.

Vamos descrever um pouco mais algumas motivações que levam a essa mudança profissional:

1) **Alinhamento estratégico:** à medida que a tecnologia se torna cada vez mais importante para o sucesso dos negócios, os CIOs estão se envolvendo mais na estratégia de negócios para garantir que a tecnologia esteja alinhada com os objetivos da empresa. O movimento do CIO para uma área de negócio pode desenvolver uma enorme e estreita cola-

boração das áreas da empresa para o desenvolvimento e a implementação de soluções tecnológicas que melhorem a eficiência operacional, acelerem o crescimento de receita e melhorem a experiência e fidelização dos clientes.

2) **Inovação e transformação digital:** os CIOs podem trazer uma perspectiva única para a área de negócios, ajudando a impulsionar a inovação e a transformação digital. Cada vez mais as empresas precisam se adaptar às novas tecnologias e integrá-las em suas operações para se manterem competitivas. Um profissional de TI atuando na área de negócio pode ajudar a acelerar as mudanças necessárias para garantir um processo de crescimento contínuo e estável. Como CIOs trazem em seu *background* a experiência em tecnologia e o conhecimento sobre as últimas tendências, eles podem ajudar a identificar oportunidades para inovar e transformar digitalmente a empresa.

3) **Liderança:** todo CIO tem fortes habilidades de liderança e experiência em gerenciamento de projetos complexos, o que pode ser valioso em outras áreas da empresa onde essa habilidade ainda é pouco trabalhada no plano de desenvolvimento de carreira. Saber gerenciar e executar projetos de alta complexidade requer experiência e habilidades de gestão de projetos, gestão de pessoas, gestão de riscos e gestão financeira, características similares em projetos de TI.

4) **Novos desafios:** ter uma carreira em TI já consolidada pode ser um gatilho para uma mudança de área, e isso pode representar uma oportunidade de crescimento profissional e de aplicar habilidades e experiências em um novo contexto. A nova vivência, além de agregar novas histórias profissionais, poderá permitir uma nova satisfação pessoal.

5) **Melhoria salarial ou financeira:** não menos relevante, a melhoria salarial ou financeira pode ser uma das motivações para mudar para uma área de negócios. Isso pode ocorrer quando um CIO identifica que pode ter um impacto maior no crescimento do negócio e, consequentemente, ter uma

remuneração maior ao assumir responsabilidades mais amplas na empresa.

Para realizar um processo de transição da área de tecnologia para uma área de negócio, é necessário muito estudo, além de coragem. Indicamos as principais maneiras de preparar a mudança:

1) Desenvolver habilidades de negócios através de estudo tradicional ou de estudos das áreas internas da empresa. Um CIO pode se beneficiar ao desenvolver conhecimentos de finanças, marketing e estratégia, para entender melhor como a tecnologia pode apoiar os objetivos de negócios da empresa.

2) Um CIO pode começar a construir relacionamentos com líderes de outras áreas da empresa para entender melhor suas necessidades e apoiar em soluções que melhorem o desempenho da empresa. Participar de reuniões e eventos com líderes de outras áreas pode ser um bom início para a construção de relacionamentos. Manter uma comunicação aberta e transparente com líderes de outras áreas pode ajudar a construir confiança e colaboração.

3) Trabalhar em projetos conjuntos com líderes de outras áreas pode ajudar a construir relacionamentos e promover a colaboração e o trabalho em equipe.

4) Compartilhar conhecimento e experiência com líderes de outras áreas pode ajudar a construir relacionamentos e promover o aprendizado mútuo.

5) Aprender sobre a indústria através de cursos, eventos ou desenvolvimento interno na empresa. Um CIO pode se beneficiar ao aprender mais sobre a indústria em que a empresa atua, incluindo tendências, concorrentes e regulamentações.

6) Como temos passado por enormes evoluções tecnológicas nos últimos tempos, um CIO já deve ter em seu currículo o hábito de se aperfeiçoar constantemente em novos conhecimentos de sua área. Aprender mais sobre as melhores práticas e tendências do setor é um ótimo caminho.

7) Um CIO pode aprender com mentores e colegas experientes, buscando conselhos e orientação para desenvolver suas habilidades e traçar um plano de mudança consistente e factível.

Desafios podem aparecer, e enfrentá-los de forma tranquila, consciente e planejada é fundamental. Tais desafios variam de acordo com a empresa, o segmento de mercado e as habilidades pessoais do CIO, mas podem incluir:

1) A necessidade de desenvolver novos conhecimentos a respeito da nova área de negócio.
2) Adaptar-se a uma nova cultura e ambiente de trabalho e construir relacionamentos com novas equipes e colegas.
3) Entender que a mudança pode significar correr riscos de se frustrar com a nova área.

Embora uma transição de carreira nunca seja uma decisão fácil de tomar, exige coragem e muitas vezes envolve não só a pessoa, mas toda uma família. O que vem depois pode ser espetacular: a sua realização profissional.

20. Inovação

A necessidade é a mãe da inovação.

Platão

20.1. Intraempreendedorismo

André Coelho

Sobre *Apple, Microsoft, Amazon, Google e Meta* (FAANG): além de serem líderes da indústria de tecnologia e figurarem na lista das mais ricas do mundo, com um valor de mercado combinado superior a 10 trilhões em 2024, o que mais essas corporações têm em comum? Todas elas nasceram a partir de um sonho e de uma atitude empreendedora. Seus fundadores se destacaram por estarem à frente de seu tempo, oferecendo soluções inovadoras para problemas e necessidades reais em um mercado ainda em construção.

Desde a lendária garagem de Steve Jobs até os primórdios da *Amazon* como uma modesta livraria *on-line*, cada uma dessas empresas enfrentou desafios únicos que moldaram sua jornada para o sucesso.

Por que algo tão poderoso, que foi decisivo para a construção de grandes empresas globais de sucesso, muitas vezes é negligenciado ou, na melhor das hipóteses, reduzido a meras iniciativas de fortalecimento da cultura e engajamento organizacional? Com frequência, testemunhamos o empreendedorismo sendo reduzido a palestras, bancos de ideias e *hackathons* sem estratégias de continuidade claras, ou laboratórios de inovação que, lamentavelmente, parecem mais focados em branding institucional do que em um investimento estratégico genuíno voltado para o crescimento sustentado dos resultados e da lucratividade da empresa.

Diante disso, surge a questão: como executivos de tecnologia, podemos realmente investir em iniciativas empreendedoras de forma significativa? Como garantir que tais iniciativas estejam intrinsecamente ligadas a uma estratégia que promova crescimento efetivo dos resultados e aumento da lucratividade da organização?

Antes de instruir processos que fomentem o intraempreendedorismo em uma organização, é fundamental observar como o empreendedorismo realmente nasce dentro dela. Um empreendedor tem atitudes tão consistentes em seu intento que suas ações muitas vezes não se limitam às estruturas existentes na organização que o possibilitem empreender. O que quero dizer é que um empreendedor de verdade não está interessado se sua organização tem um plano de desenvolvimento para empreendedores ou se ela realiza um *hackathon* anual, embora ele possa aproveitar todas essas iniciativas para mostrar seu talento. Um empreendedor está empreendendo em sua organização todos os dias! E se você realmente quer aproveitar o poder do intraempreendedorismo para escalar suas iniciativas de crescimento, seu papel é identificá-lo o mais rápido possível e favorecer seu desenvolvimento.

Uma prova disso é o que ocorreu com o brasileiro *David Neto (STACHEWSKI*, 2019). Ele atuava como atendente de suporte de TI no escritório do *Google* no Brasil e identificou um problema recorrente: uma falha no computador de um funcionário gerava uma perda de tempo significativa, tanto para o colaborador quanto para a equipe de suporte de TI. Inspirado por essa questão, *David* propôs o projeto "*Grab and Go*" ("pegue e vá"), uma solução simplificada para o empréstimo de notebooks pelos funcionários. Após testes bem-sucedidos em alguns escritórios, o projeto foi implementado em 75 escritórios do *Google* ao redor do mundo, tornando-se uma solução de código aberto para outras empresas. A iniciativa não apenas otimizou a produtividade, como impulsionou a carreira de *David*. Ele passou de atendente de suporte a líder técnico da área de TI, desenvolvendo produtos para garantir a escalabilidade da empresa.

A história de *David* é um exemplo claro de como o intraempreendedorismo surge de forma natural em uma organização e do potencial que ele tem para impulsionar a inovação e o crescimento dentro dela. Tudo começa com um problema real, que pode surgir tanto dentro da organização, como foi no caso de David, quanto fora, envolvendo um problema dos clientes. Diante de um problema, a primeira postura que um empreendedor adota é a inquietude. Por mais que ele consiga resolver o problema, se a solução encontrada não for completa ou eficiente o suficiente, ele buscará novas formas de aprimorar a resolução em busca da excelência. E tenho certeza de que a excelência é algo primordial para corporações que não querem parar de crescer. Para ser excelente, o caminho é inovar. Inclusive o pai das corporações modernas, *Tom Peter*, afirmou que a única coisa permanente para empresas excelentes é a inovação.

Como profissional de tecnologia e cientista, uma das fascinações que encontro no intraempreendedorismo é a convergência entre a teoria e a prática, onde tanto a ciência quanto o mercado se encontram em um ponto comum. A história de *David* exemplifica perfeitamente os princípios fundamentais do intraempreendedorismo, um conceito originalmente cunhado por *Pinchot* (1985). De acordo com ele, esse fenômeno aborda o processo de cultivar as características proativas e empreendedoras dos colaboradores, possibilitando a geração de inovações por meio de novos produtos, processos e serviços.

Isso evidencia a importância de cultivar dentro de uma organização mentalidades semelhantes à de *David*. Por melhor que seja uma estratégia vinda do executivo, é a operação que atuará no dia a dia para torná-la realidade. Ao contrário do que possa parecer, a verdadeira inovação nem sempre nasce na estratégia; às vezes, ela surge exatamente da operação, e ignorar isso pode ser um grande erro para qualquer negócio.

Em resumo, o sucesso do intraempreendedorismo está diretamente ligado à capacidade da empresa de identificar rapidamente os empreendedores internos, conectá-los a desafios relevantes – tanto dentro quanto fora da empresa –, proporcionar um ambiente favorável para o desenvolvimento e experimentação de novas soluções e recompensá-los de forma adequada. É importante reconhecer que empreendedores frequentemente possuem uma visão de crescimento e escala, sendo essencial alimentar esse aspecto em suas jornadas dentro da empresa.

Assim como qualquer estratégia de M&A (Fusões e Aquisições), que inclui ações para reter os fundadores após a aquisição de um negócio, as iniciativas de intraempreendedorismo devem garantir a permanência dos fundadores das soluções dentro da operação. Isso pode ser alcançado por meio de sistemas de recompensas ou até mesmo oferecendo participação acionária (*equity*) em novos produtos desenvolvidos. Estabelecer esses mecanismos é importante para manter o impulso e o comprometimento dos empreendedores internos, garantindo assim o sucesso contínuo das iniciativas de intraempreendedorismo.

20.2. Impactos da IA e ML no negócio

Alexandre Caramelo

É inegável que a evolução da inteligência artificial nos últimos anos se sobrepôs, em certa medida, às décadas que antecederam a explosão da IA generativa. Se *Alan Turing* pudesse observar os últimos avanços, seguramente estaria abismado com a velocidade e o dinamismo que fomos capazes de empreender não tanto tempo assim após o inverno da IA, período em que, na década de 70, as pesquisas se mostraram infrutíferas e desmotivadoras devido à incapacidade do *hardware* até então disponível. Não é trivial, entretanto, avaliar os impactos decorrentes dessa tecnologia do ponto de onde estamos no momento. Dada a sua característica inédita de atuar no substrato da condição humana, a inteligência, a revolução da IA possui contornos similares às suas predecessoras: máquina a vapor, padronização, computadores e, por que não, até mesmo a própria internet.

Para além dos aspectos socioeconômicos, culturais e éticos, tanto a inteligência artificial quanto o aprendizado de máquina trazem significativos sinais de que os tempos futuros reservam desafios e oportunidades, de tal forma que ainda temos mais perguntas do que respostas.

No caso dos negócios, há que considerarmos que é tecnicamente a primeira grande ameaça, do ponto de vista de substituição, aos postos de trabalho onde o **conhecimento** e sua articulação pela **inteligência** são os principais balizadores da geração de valor para acionistas, clientes e sociedade (PINTO; SALES, 2024; SEALE, 2022). Em tempo, a IA generativa é capaz de se conectar de forma fluida e fácil às bases de dados corporativas, naquilo que reconhecemos por RAG (*Retrieval Augmented Generation*).

Com a corrida dos diversos modelos de linguagem, os LLMs (*Large Language Models*), se acirrando, uma dúvida que ainda pairava no ar era o que fazer na perspectiva de aplicações de negócio se o modelo, sem dar o menor sinal, começasse a alucinar. Nesse ponto o RAG pode refinar a qualidade, a precisão e a rastreabilidade da resposta gerada, na medida em que permite um contexto mais fiel e confiável, além de reduzir os custos e o tempo com o desenvolvimento e treinamento de modelos gigantescos, que, via de regra, demandam substanciais investimentos. Ainda que o RAG não seja uma solução final para o problema intrínseco da confiabilidade, ele o distancia das aplicações corporativas, na medida em que delimita problemas com menor grau de generalização.

Ou seja, saímos do "fio a pavio" para buscar respostas mais específicas e de escopo muito claramente delineado nas fronteiras organizacionais. Mas qual o problema por trás disso? É que as batalhas mais interessantes a serem desbravadas carecem de dados externos à organização, e que, além de não serem facilmente acessíveis, ainda podem suscitar uma abordagem de *streaming* de dados, cenário no qual a organização precisa ter agilidade no tratamento de um influxo gigantesco de dados não estruturados.

Assumindo que não é uma prática recorrente dotar a organização de uma gestão de dados eficiente, é razoável supor que teremos um problema a ser resolvido: a falta de dados em quantidade e qualidade suficientes. Se não houver uma real cultura de dados, a exemplo do que fora concretizado pelo nosso *case* nacional de sucesso mais emblemático que é o do *iFood*, não teremos como abraçar as grandes oportunidades que se avizinham.

Conforme a figura a seguir, é fácil perceber que as organizações que desejam se reinventar por meio da IA precisam fomentar importantes vetores ou habilitadores em uma perspectiva mais ampla:

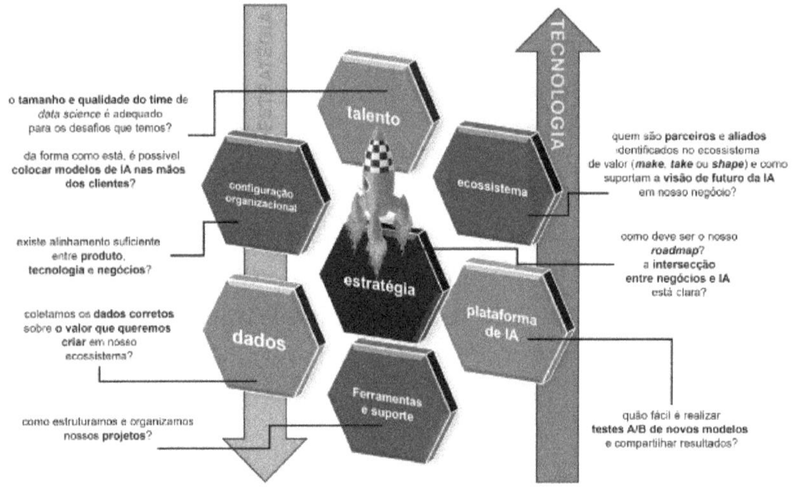

Figura 20.1. Habilitadores da IA. Fonte: adaptado de Barreto e Caetano (2023).

No caso em tela, foram pelo menos cinco anos de clara definição estratégica do papel que a IA deveria ter no negócio e de como este evoluiria, por meio de produtos digitais baseados em IA, e uma consistente formação de talentos, que incluíram até mesmo parceria com universidades consideradas celeiros de talentos em *data science.*

É possível perceber que a estratégia tem um papel fundamental tanto para determinar o ritmo com que o negócio irá construir capacidades digitais suportadas por IA quanto para desdobrar seus seis habilitadores:

1. Talento
2. Ecossistema
3. Plataforma
4. Ferramentas e suporte
5. Dados
6. Configuração organizacional

Se a postura de liderança tecnológica adotada pela organização quanto a essa tecnologia for inovadora (*early adopters*, cerca de 2,5%), muito provavelmente adotará a **abordagem *make***, que se constitui em assimilar competências e construir aplicações altamente especializadas que sejam aderentes ao seu modelo de negócios (TAURION, 2022).

Isso seguramente traz consigo a necessidade de busca e formação de talentos, bem como um mapeamento da cadeia produtiva ou ecossistema de valor em que está inserida, a fim de identificar potenciais ganhos de eficiência e sinergia que podem significar operação em regime escalável. A reprodutibilidade é outro aspecto importante e que dificilmente poderá ocorrer, caso não exista uma plataforma que permita exercitar PoCs (*Proof of Concept*) e MVPs (*Minimum Viable Product*) e compartilhar aprendizados sobre os modelos testados e seus respectivos resultados de forma a beneficiar outros times (TAURION, 2022; VILLENA, 2023).

Dentre as ferramentas e suporte necessários ao desenvolvimento de projetos com IA embarcada, temos a metodologia utilizada que aponta para algo que dista grandemente de iniciativas de desenvolvimento de software, assim como as inúmeras e conhecidas ferramentas do arsenal do mundo IA: Numpy, Pandas, TensorFlow, SciKit Learn, Keras e, é claro, uma boa infraestrutura subjacente de *data warehouse* e data lake que acomode uma filosofia de trabalho em regime CI/CT/CL (*continuous integration, training and learning*), já que os modelos podem necessitar retreinamento. A porção relativa aos dados é sem dúvida alguma aquela que suscita a maior preocupação, já que 85% do tempo gasto pelo time em um projeto de IA não é em construção e treinamento, e sim no significativo data *engineering*, indispensável na preparação desses projetos (PMI SOUTH ASIA; NASSCOM, 2020).

Por fim, a criação de produtos digitais baseados em IA depende também do intenso alinhamento entre equipes que interagem com o cliente e aquelas internas de tecnologia compostas por *data scientists, machine learning engineers, data engineers* e *software engineers*.

Esses especialistas precisam mergulhar fundo na estrutura da imagem a seguir, sob diapasão do negócio, que deve estar sempre sintonizado para satisfazer as necessidades do cliente.

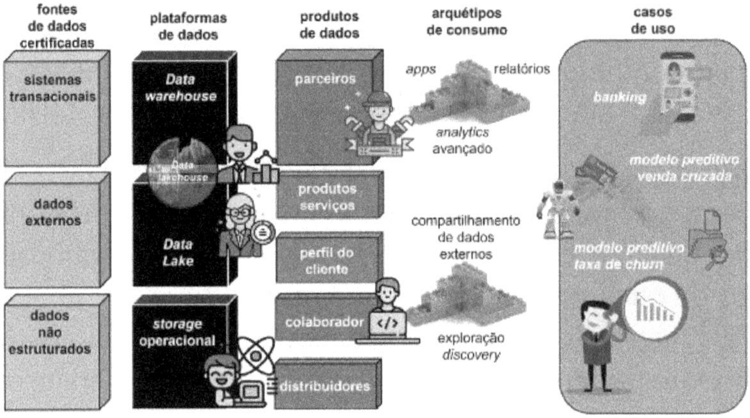

Figura 20.2. Produtos de IA e seu ecossistema. Fonte: adaptado de Desai, Fontaine e Rowshankish (2022).

Por outro lado, ainda que a IA generativa seja vista por muitos como a interface dialógica natural e essencial com a qual nós, seres humanos, podemos interagir de forma mais fluida com os modelos de ML (*machine learning*) e DL (*deep learning*), é importante lembrar que esta não é a única forma de interação, sobretudo quando pensamos em IA embarcada em dispositivos como no caso de *smartphones*, automóveis, embarcações e uma infinidade de equipamentos (COHN et al., 2023).

Há inúmeras aplicações de escopo bastante restrito, mas que podem direcionar as soluções e os investimentos em IA para mais distante da AGI (*Artificial General Intelligence*, ou inteligência artificial geral). Em áreas como saúde, varejo, indústria ou mesmo mineração, abundam oportunidades que não exigirão complexidades em termos de criação e treinamento de modelos de ML e DL. São as chamadas NAIs (*Narrow Artificial Intelligences*), que se dedicam a atividades rotineiras muito bem delimitadas e que, pelo mesmo motivo, possuem vantagens e desvantagens.

A vasta gama de aplicações se presta a tarefas como reconhecimento de imagens ou conversores de texto para áudio e vídeo, e até mesmo soluções de veículos autônomos, que, embora abarquem diversos modelos empilhados ou combinados (*stacking e ensemble*), não são tão generalizáveis como se pode supor inicialmente.

Nesses casos, pode bastar uma abordagem ***take*** ou ***shape***, na qual a organização busca soluções que sejam facilmente integráveis aos seus processos, demandando baixo grau de esforço e energia organizacional (BAIG et al., 2023; SHAPIRO, 2017). Ainda sob o ponto de vista da variedade e do impacto, um estudo da consultoria *McKinsey* aponta que grande parte desse efeito se dará por meio da IA generativa, em praticamente todas as indústrias, se considerarmos as subáreas de *marketing*, vendas e operações (PINTO; SALES, 2024; CHUI et al., 2023).

Entretanto, obviamente, os resultados são potencialmente mais modestos, já que toda tecnologia é facilmente replicável, o que restringe a capitalização de diferenciais competitivos sustentáveis, deixando o negócio exposto a uma competitividade temporária, ao sabor da próxima onda de inovações, estejam elas na arena da IA ou do próximo *hype*.

Dois *cases* nacionais bastante emblemáticos em que aplicações diversas foram inseridas nos respectivos negócios são o do iFood e o do Nubank. Ambos têm estabelecido estratégias muito claras em seu roadmap sobre como se darão as aplicações e os produtos digitais construídos no melhor estilo *insourcing*, e que cobrem até mesmo a cadeia de valor como um todo no caso do iFood, ao permitir, via IA, sugestões de melhoria para o cardápio de restaurantes parceiros. Em se tratando da *foodtech* e unicórnio brasileiro, atuante no ramo de *delivery* de refeições por meio de seu conhecido *app*, trata-se, na verdade, de uma genuína plataforma digital de inovação. O *iFood* foi capaz de desenvolver sua própria Academia de Inteligência Artificial, focada em pesquisa e desenvolvimento em áreas como ML e DL (aprendizado profundo). Seguindo sua estratégia expansionista, a partir de 2020, além de estruturar convênios com celeiros de talentos em *data science* como no caso da UFG (Universidade Federal de Goiás), a empresa buscou também assimilar competências de forma acelerada via aquisição de algumas *startups* especializadas em IA, *data science* e *big data*, como no caso da Hekima. Com isso, centenas de profissionais passaram a integrar o seu quadro, aprimorando o uso dessas tecnologias avançadas. Já no mercado bancário, o nosso unicórnio mais destemido alçou novos patamares ao desenvolver sua visão do *Precog* que traz eventos do cliente (fluxo de cliques, transações etc.) que podem ser codificados como uma sequência de símbolos *embbeding* (NLP) e modelos de sequenciamento, para entender e prever as necessidades do cliente. Sua recente marca de 100 milhões de clientes, atingida em 2024, seguramente reflete sua ousadia e determinação no uso intenso de tecnologias como as descritas antes e que possibilitaram à *fintech* desbravar um mercado altamente concentrado (BREUEL et al., 2024; IFOOD, s.d.).

21. *Coaching*

André Vinicius Lopes

Encontre a pessoa que vai te dizer a verdade, mesmo que isso te deixe triste. Esse é o seu verdadeiro amigo.

Jô Soares

Queremos compartilhar aqui os "gatilhos" e as motivações que nos fizeram tomar a decisão de investir em aprender mais sobre comportamento profissional de sucesso e incentivar que outros tenham a mesma iniciativa, pois fez toda diferença na nossa vida profissional e pessoal.

Muito cedo na carreira, tivemos o desafio de liderar pessoas e projetos. Naquele momento começamos a perceber que tudo que havíamos estudado, tanto em TI quanto em gestão, não nos equipava com recursos suficientes para executar o papel de líder. Nesse momento, começamos a busca por entender o comportamento das pessoas com o objetivo tanto de alcançar o melhor resultado da nossa área como de cuidar e desenvolver a equipe.

Inicialmente, fomos buscar conhecimento na psicologia tradicional e percebemos, rapidamente, que essa ciência estava muito mais orientada às questões de saúde e bem-estar do que à alta performance. Consequentemente, começamos a buscar outros caminhos: descobrimos a Análise Transacional, que é uma linha mais próxima das ciências humanas, onde encontramos algumas respostas. Mas não ficamos completamente satisfeitos.

A programação neurolinguística entrou em nossa vida através do livro *O sucesso não ocorre por acaso*, escrito em 1993 por Dr. Lair Ribeiro. Ele traz, numa linguagem direta e prática, o tema comportamento humano voltado para entender os mecanismos do nosso cérebro que nos ajudam a alcançar nossos objetivos. Este foi o primeiro material que impactou nosso comportamento como profissional e como líder por ter nos equipado com algumas ferramentas.

Em paralelo, começamos a adquirir conhecimento sobre padrões de comportamento de sucesso através de bibliografias diversas, principalmente de atletas e empresários bem-sucedidos. Nelas, percebemos que todas as histórias tinham sempre como objetivo apresentar o "segredo do sucesso" da pessoa estudada. Todas essas biografias tinham em comum o fato de destacarem comportamentos e não habilidades técnicas como os principais fatores para o sucesso. Começamos a compreender, ainda melhor, que "alta performance profissional" estava muito mais relacionada às habilidades comportamentais do que às habilidades técnicas, mudando definitivamente a maneira como investir tempo e dinheiro em nossa educação e como desenvolver e avaliar os profissionais que estavam na nossa equipe. Apesar de ter muito orgulho do mestrado em Gestão de Negócios na FGV, percebi que questões comportamentais não fizeram parte do currículo, e que essa mesma situação se repetia nas universidades.

Finalmente encontramos as nossas respostas organizadas e com embasamento científico no *coaching*, que ainda é uma área de estudo muito "jovem". No nosso caso, foi "amor à primeira vista" e nos sentimos muito impactados pela ciência que estuda o comportamento de sucesso. Ou seja, tudo aquilo que os profissionais mais bem-sucedidos do mundo afirmavam ser os motivos de suas conquistas.

Conforme fomos nos aprofundando no tema, descobrimos que a maior autoridade mundial do assunto (Tony Robbins) oferecia cursos nos Estados Unidos e tinha muito material publicado na forma de livros, fitas, CD, DVD e vídeos em plataformas digitais. Desde então vínhamos "bebendo" dessa fonte todos os dias até o ponto em que decidimos investir mais profundamente, nos tornando um especialista e migrando profissionalmente para a área de comportamento de alta performance nos negócios três anos depois.

Queremos deixar aqui o nosso depoimento pessoal do impacto dessa ferramenta na nossa história pessoal e profissional:

1. A partir do aprendizado e da aplicação das ferramentas de coaching, tivemos maior salto nos resultados de faturamento e tamanho da nossa equipe em toda nossa carreira executiva.
2. A partir do autoconhecimento adquirido, fizemos uma revisão das nossas prioridades pessoais e profissionais que nos trouxeram realização e decidimos mudar de carreira. Embarcamos em um novo projeto profissional e estilo de vida nos Estados Unidos.

Hoje o *Business Coaching* é a nossa principal atividade profissional, através da nossa própria empresa de consultoria e treinamento. Entendemos que a figura que melhor representa o conjunto de competências que compõem um profissional é um verdadeiro iceberg.

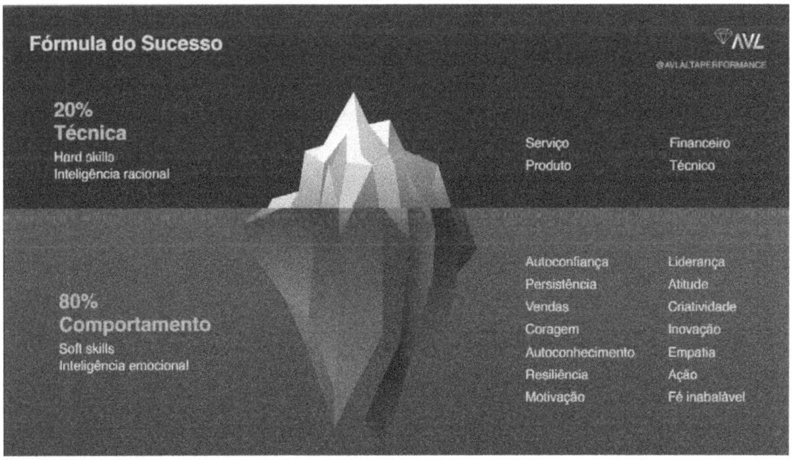

Figura 21.1. Fórmula do sucesso. Fonte: o autor.

Acima da linha da água tem aquilo que pode ser visto e medido. É o local onde estão representadas as competências técnicas (*hard skills*) que desenvolvemos na escola, certificados que recebemos, diplomas, selos etc.; são aqueles itens que escrevemos com facilidade em nossos currículos.

Abaixo da linha da água, há aquilo que temos dificuldade de perceber e para o qual não conseguimos atribuir valor ou nota. É a parte do iceberg que representa as competências comportamentais (*soft skills*), onde o intangível prevalece e se torna impossível atribuir notas ou "encaixar" no modelo educacional tradicional. Aos poucos, essas competências começam a ser declaradas no currículo, sendo impossível atribuir peso ou nível de aprofundamento destas, como as outras onde temos nível, técnico, superior, graduação, mestrado e doutorado.

A mensagem que queremos deixar aqui é: todos que buscam crescimento pessoal e profissional precisam buscar conhecimento acadêmico e, principalmente, aprender a aplicar as ferramentas que aprimoram o próprio comportamento e o comportamento da equipe através do *coaching*.

Epílogo

Taiolor Morais

Assim como a estrada da inovação, a carreira de líder em tecnologia definitivamente não é linear; ela transcorre de forma dinâmica, repleta de oportunidades para aqueles apaixonados por descobertas e resolução de problemas. Com o rápido avanço das tecnologias, o nosso desafio é estar constantemente atualizado, desafiado e adaptável às mudanças. Aprender todos os dias não deve ser um fardo a ser carregado, mas um prazer a ser desfrutado.

A colaboração e a interdisciplinaridade na tecnologia proporcionam uma experiência estimulante e gratificante, permitindo a interação com diversos profissionais, setores e indústrias. Este livro foi concebido com esse espírito, compartilhando as experiências das pessoas líderes como símbolos de sabedoria, suas cicatrizes de guerra, oferecendo exemplos e orientações para líderes do futuro.

Encerro com uma frase de *Peter Drucker:* "Planejamento de longo prazo não lida com decisões futuras, mas com o futuro das decisões presentes". Se você chegou até aqui, é porque quer antecipar o seu futuro na carreira de líder máximo em tecnologia, e está no lugar certo.

Uma ótima e produtiva jornada!

Taiolor Morais

Curador da série CIO/CTO *Advisor* 10x

Referências bibliográficas

ABRÃO JR., L. A inovação é o motor das organizações. **Administradores.com**, 17 jan. 2018. Disponível em: <https://administradores.com.br/noticias/a-inovacao-e-o-motor-das-organizacoes>. Acesso em: 02 ago. 2024.

ACRONYMS DICTIONARY. **Faang**. Disponível em: <https://www.dictionary.com/e/acronyms/faang/>. Acesso em: 02 ago. 2024.

AWS. **Centro de Informações sobre Aspectos Econômicos da Nuvem**. Disponível em: <https://aws.amazon.com/pt/economics/>. Acesso em: 02 ago. 2024.

AWS. **Valor empresarial na AWS**. Disponível em: <https://aws.amazon.com/executive-insights/content/business-value-on-aws/>. Acesso em: 01 ago. 2024.

BAIG, A. et al. Technology's generational moment with generative AI: A CIO and CTO guide. **McKinsey Digital**, July 11, 2023. Disponível em: <https://www.mckinsey.com/capabilities/mckinsey-digital/our-insights/technologys-generational-moment-with-generative-ai-a-cio-and-cto-guide>. Acesso em: 04 ago. 2024.

BARRETO, D.; CAETANO, S. **O cientista e o executivo**: como o iFood alavancou seus dados e usou a inteligência artificial para revolucionar seus processos, criar vantagem competitiva e se tornar um case mundial de sucesso. São Paulo: Gente, 2023.

BECK, K. et al. **Manifesto para Desenvolvimento Ágil de Software**. 2001. Disponível em: <https://agilemanifesto.org/iso/ptbr/manifesto.html>. Acesso em: 02 ago. 2024.

BELLOQUIM, A. **O que NÃO é arquitetura de negócio.** Disponível em: <https://arquiteturacorporativa.com.br/tags/arquitetura-de-negocio/>. Acesso em: 31 jul. 2024.

BREUEL, C. et al. Presenting Precog, Nubank's Real Time Event AI: understand the promising future of Precog and customer representation AI at Nubank. **Nubank**, June 21, 2023. Disponível em: <https://building.nubank.com.br/presenting-precog-nubanks-real-time-event-ai/>. Acesso em: 04 ago. 2024.

BRIDGEWATER. **Culture**. Disponível em: <https://www.bridgewater.com/culture>. Acesso em: 02 ago. 2024.

BÜHLER, E. R. Agile vs. Business Agility vs. Enterprise Agility. **Medium**, Nov. 21, 2023. Disponível em: <https://magazine.eau.university/agile-vs-business-agility-vs-enterprise-agility-ee098a8ce804>. Acesso em: 02 ago. 2024.

CHANDLER, A. D. **Strategy and Structure**: chapters in the history of the American industrial enterprise. Cambridge, MA: MIT Press, 1962.

CHUI et al. The economic potential of generative AI. The next productivity frontier. **McKinsey Digital**, June 14, 2023. Disponível em: <https://www.mckinsey.com/capabilities/mckinsey-digital/our-insights/the-economic-potential-of-generative-ai-the-next-productivity-frontier#/>. Acesso em: 04 ago. 2024.

CIO CODEX. **CIO Codex Framework**. Disponível em: https://ciocodex.com/cio-codex-framework/cio-codex/. Acesso em 10 de abr. de 2024.

COHEN, W. A. **Peter Drucker Melhores práticas**: como aplicar os métodos de gestão do maior consultor de todos os tempos para alavancar os resultados do seu negócio. São Paulo: Autêntica Business, 2017.

COHN, G. et al. EELBERT: Tiny Models through Dynamic Embeddings. Paper. Nov. 2023. arXiv:2310.20144.

COSTA, H. **Fleks Guides**. Disponível em: <https://fleksmodel.com/resources_category/fleks-guides/>. Acesso em: 01 ago. 2024.

DAYLIO, R. **Principles**: life and work. New York, NY: Simon and Schuster, 2017.

DELOITTE. **Technology Business Management**: Solutions for aligning people, process, and technology. Disponível em: <https://www2.deloitte.com/us/en/pages/operations/articles/technology-business-management.html>. Acesso em: 01 ago. 2024.

DESAI, V.; FONTAINE, T.; ROWSHANKISH, K. A Better Way to Put Your Data to Work. **Harvard Business Review**, July-Aug. 2022.

DONUZ. **20 frases de Peter Drucker para alavancar seu negócio**. Disponível em: <https://donuz.com.br/blog/frases-de-peter-drucker/>. Acesso em: 01 ago. 2024.

GALE, M.; AARONS, C. **The digital helix**: transforming your organization's DNA to thrive in the digital age. Austin, TX: Greenleaf Book Group Press, 2017.

GORGES, E. **A Lei de Murphy no Gerenciamento de Projetos**. Rio de Janeiro: Brasport, 2007.

GREDEN, L.; MARDEN, M. The Business Value of Amazon Web Services. **IDC**, June 2022. Disponível em: <https://pages.awscloud.com/rs/112-TZM-766/images/IDC-Whitepaper-The-Business-Value-of-AWS-Global.pdf>. Acesso em: 02 ago. 2024.

GROVE, A. **Only the Paranoid Survive**: how to exploit the crisis points that challenge every company. New York, NY: Currency, 1988.

IBGC. **Código das Melhores Práticas de Governança Corporativa**. 6.ed. Instituto Brasileiro de Governança Corporativa, 2023.

IBM. **Information Systems Planning Guide**. 2nd.ed. International Business Machines, Oct. 1978.

IDC. **The Business Value of Amazon Web Services**. June 2022. Disponível em: <https://pages.awscloud.com/rs/112-TZM-766/images/IDC-Infographic-The-Business-Value-of-AWS-Global.pdf>. Acesso em: 02 ago. 2024.

IFOOD. **Como é o modelo de negócio do iFood**. Disponível em: <https://www.news.ifood.com.br/como-e-o-modelo-de-negocio-do-ifood/>. Acesso em: 04 ago. 2024.

ISAACSON, W. **Steve Jobs por Walter Isaacson.** São Paulo: Companhia das. Letras, 2011.

KAUFMAN, J. **Manual do CEO**: um verdadeiro MBA para o gestor do século XXI. 2.ed. São Paulo: Benvirá, 2012.

KORAK-KAKABADSE, N.; KAKABADSE, A. IS/IT Governance: Need for an integrated model. **Corporate Governance**, vol. 1, n. 4, p. 9-11, 2001, p. 9-11.

MICHAELIS. Projeto. Disponível em: <https://michaelis.uol.com.br/moderno-portugues/busca/portugues-brasileiro/projeto/>. Acesso em: 01 ago. 2024.

MONTES, E. **Projeto**: o que é, quais tipos e melhor abordagem. **Escritório de Projetos**, 26 jun. 2024. Disponível em: <https://escritoriodeprojetos.com.br/o-que-e-um-projeto/>. Acesso em: 01 ago. 2024.

MOORE, G. A. **Crossing the Chasm**: marketing and selling disruptive products to mainstream customers. 3rd.ed. New York, NY: Harper Business, 2014.

MUNIZ, A. et al. **Jornada Ágil de Arquitetura**: usando a arquitetura corporativa de TI para a gestão holística do negócio. Rio de Janeiro: Brasport, 2023.

MUNIZ, A. et al. **Jornada Business Agility**. Rio de Janeiro: Brasport, 2021.

MUNIZ, A. et al. **Jornada do Ágil Escalado**. Rio de Janeiro: Brasport, 2020.

PINCHOT, G. III. **Intrapreneuring**: why you don't have to leave the corporation to become an entrepreneur. New York, NY: Harper and Row, 1985.

PINK, D. H. **Drive**: the surprising truth about what motivates us. New York, NY: Riverhead Books, 2009.

PINTO, A. C. Balanceamento de portfólio (gestão de ideias). In: MUNIZ, A. et al. **Jornada VMO**: entenda como a evolução do PMO potencializa o valor entregue aos clientes. Rio de Janeiro: Brasport, 2023.

PINTO, A. C.; SALES, L. Inteligência artificial e gestão híbrida de projetos: contexto, desafios e oportunidades. **LinkedIn**, 12 jan. 2024. Disponível em: <https://www.linkedin.com/pulse/intelig%C3%AAncia-artificial-e-gest%C3%A3o-h%C3%ADbrida-de-projetos-contexto-pinto-darwf/>. Acesso em: 02 ago. 2024.

PMI SOUTH ASIA; NASSCOM (2020). **Playbook for Project Management in Data Science and Artificial Intelligence Projects**. 2020. Disponível em: <https://www.pmi.org/learning/library/playbook-data-science-artificial-intelligence-projects-13322>. Acesso em 04 ago. 2024.

PMI. **Agile Practice Guide**. Newton Square, PA: PMI, 2017.

RIBEIRO, L. **O sucesso não ocorre por acaso**: você pode mudar a sua vida. Rio de Janeiro: Objetiva, 1993.

RODRIGUES, J. Workshop Agile Leadership. 2021.

ROGERS, D. L. **Transformação Digital**: repensando o seu negócio para a era digital. São Paulo: Autêntica Business, 2017.

RUDD, C. The Third Wave of Agile. **DZone**, July 15, 2016. Disponível em: <https://dzone.com/articles/the-third-wave-of-agile-2>. Acesso em: 02 ago. 2024.

SANTOS, A.; IRIGOYEN, A.; CARAMELO, A. (orgs.). **Gestão híbrida de projetos**: casos práticos em diferentes contextos e cenários. Rio de Janeiro: LTC, 2023.

SCHWAB, K. **The Fourth Industrial Revolution**. Geneva: World Economic Forum, 2016.

SCHWARTZ, M. **The art of business value**. Portland, OR: IT Revolution, 2016.

SEALE, T. Embrace Complexity (Part 4): embedding intelligence into your organisation with network-shaped AI. **Medium**, July 22, 2022. Disponível em: <https://medium.com/@Tonyseale/embrace-complexity-part-4-2faf9206917e>. Acesso em: 02 ago. 2024.

SERPRO. **Planejamento Estratégico de TI (PETI 2020 – 2024)**. Versão Resumida 2020. Disponível em: <https://www.transparencia.serpro.gov.br/governanca/governanca-de-ti/peti-pdti-versao-resumida-2020.pdf>. Acesso em: 02 ago. 2024.

SHAPIRO, D. How to Price an AI Project. **Medium**, Aug 4, 2017. Disponível em: <https://towardsdatascience.com/how-to-price-an-ai-project-f7270cb630a4>. Acesso em: 04 ago. 2024.

SIMON, H. A. **Comportamento administrativo**: estudo dos processos decisórios nas organizações administrativas. 2.ed. Rio de Janeiro: Fundação Getúlio Vargas, 1971.

STACHEWSKI, A. L. Intraempreendedorismo: como a iniciativa de um brasileiro resolveu o problema global do Google. **Pequenas Empresas & Grandes Negócios**, 17 set. 2019. Disponível em: <https://revistapegn.globo.com/Tecnologia/noticia/2019/09/intraempreendedorismo-como-iniciativa-de-um-brasileiro-resolveu-um-problema-global-do-google.html>. Acesso em: 02 ago. 2024.

STEYAERT, P. **Essential Upstream Kanban**. [S,l,]: Blue Hole Press, 2017.

SUSSKIND, R.; SUSSKIND, D. **The Future of the Professions**: how technology will transform the work of human experts. Oxford: Oxford University Press, 2015.

TAURION, C. Explicando um projeto de Machine Learning para seu CEO... **Medium**, July 07, 2022. Disponível em: <https://c-taurion.medium.com/explicando-um-projeto-de-machine-learning-para-seu-ceo-b2a22bd97471>. Acesso em: 02 ago. 2024.

VILLENA, A. Agile's Next Frontier: A Guide to Navigating the AI Project Life Cycle. **Toptal**, 2023. Disponível em: <https://www.toptal.com/project-managers/technical/ai-project-life-cycle>. Acesso em: 04 ago. 2024.

Agradecimentos e dedicatória

Aos autores e autoras que dedicaram seu tempo e talento para criar este mosaico de ideias e inovações, humanizando o aprendizado em tecnologia. Vocês demonstraram que o conhecimento se multiplica quando compartilhado e que a diversidade de perspectivas é essencial para a verdadeira transformação intelectual.

Em meio à correria da vida, somos sustentados por um bem precioso: a família. Ela é nossa força e inspiração. Agradecemos a paciência e o apoio durante os momentos de ausência, incentivando-nos a seguir nossos objetivos, o que nos permitiu realizar este livro e concretizar sonhos.

Agradecemos também aos colegas de profissão, que, ao saberem deste trabalho, o apoiaram de forma espontânea, com palavras de encorajamento, críticas construtivas e uma constante troca de ideias, fundamentais para o enriquecimento dos textos aqui escritos. Vocês são a rede de apoio que nos motiva a seguir adiante. Somos gratos por estarem em nossos dias.

Um agradecimento especial aos professores e educadores que, ao longo dos anos, plantaram as sementes do conhecimento e do pensamento crítico em cada um de nós. Vocês foram as luzes que acenderam a chama da curiosidade e iluminaram o caminho para a exploração das infinitas possibilidades que a tecnologia oferece. Este livro é, em parte, fruto do que aprendemos com vocês.

Aos mentores que tivemos ao longo das nossas carreiras, que compartilharam sabedoria e experiências, nos ensinando a importância da persistência, da ética e da visão de longo prazo. Suas orientações foram fundamentais para que nos aprofundássemos em temas mais complexos e buscássemos referências de quem já percorreu as estradas de sucesso na carreira corporativa em tecnologia.

O trabalho colaborativo realizado aqui é prova de que a criação coletiva de algo verdadeiramente especial vem do empenho e da paixão de todos. Sem esses elementos, este projeto jamais teria sido possível.

Agradecemos a oportunidade de contribuir para o avanço do conhecimento em um tema vital para o mundo: a tecnologia. Que esses capítulos inspirem novas gerações de profissionais a sonhar, criar e explorar as infinitas possibilidades do futuro.

Com a máxima gratidão,

Antonio Muniz, Eduardo Gorges e Taiolor Morais

Sobre os autores

Alessandro Fernandes

<https://www.linkedin.com/in/alessandromirandafernandes/>

Um dos mais destacados executivos em Tecnologia da Informação no Brasil, é especialista em inovação, inteligência artificial, estratégia em tecnologia e digital pelo MIT, pós-graduado em Gestão Empresarial pela FGV e MBA Executivo pela Coppead, além de possuir formação em Ciências da Computação e MBA em Gerenciamento de Projetos pela UCAM. Experiência de 28 anos em Tecnologia, sendo 18 como executivo em empresas líderes de seus segmentos, como: energia, bancos, seguros, previdência, capitalização, saúde, indústria, *oil & gas*, varejo, *e-commerce*, alimentos e bebidas. Atual vice-presidente do conselho da UTC América Latina, uma relevante associação para conectar as empresas de energia, gás e água, com os principais provedores, empresas e especialistas de tecnologia.

Alexandre Caramelo

<https://www.linkedin.com/in/profalexandrecaramelo/>

Professor, mentor e coordenador de cursos de pós-graduação (MBAs) na FGV há 15 anos. Executivo de tecnologia com mais de 25 anos de experiência em infraestrutura, segurança da informação e serviços gerenciados com atuação em países da América Latina, Europa e Ásia. Especialista em PPM (*Project Portfolio Management*), inovação, tecnologia e *business agility*. Atuou na Dataprev, Petrobrás, CESP e Verizon Communications (*Head of PreSales*). Possui as certificações FHM®

(FLEKS Hybrid Manager), DASSM® (*Disciplined Agile Senior Scrum Master*), CDA® (*Certified Disciplined Agilist*), PSM I® (*Professional Scrum Master*), PMP® (*Project Management Professional*), TOGAF 9 (*Foundation – Enterprise Architecture*), TOGAF 9 (*Certified – Enterprise Architecture*), PCC® (*Professional Coach Certification*), CCSK (*Certificate in Cloud Security Knowledge*), ITIL® V3 *Foundations*, CCNA (*Cisco Certified Networking Associate*) e CCDA (*Cisco Certified Design Associate*). Autor e organizador dos livros: *Gestão híbrida - Cases práticos em diferentes contextos e cenários* (LTC e PMI-Rio) e *Jornada Lean Digital* (Brasport). Colaborador da *MIT Technology Review Brasil* com *cases* sobre transformação digital, inovação e agilidade organizacional.

André Coelho

<https://www.linkedin.com/in/andrecoelhop/>

CEO na Eloh, Mestre em Computação e especialista em inovação e *startups*, André acumula mais de 16 anos de experiência no mercado de inovação tecnológica. Ao longo de sua trajetória, ele atuou e liderou a concepção e implantação de centenas de soluções inovadoras para diversas corporações nacionais e globais, incluindo empresas listadas na Fortune 1000. Atualmente, André é conselheiro de *startups* e *Head* de Inovação sob demanda para corporações. Seu trabalho consiste em desenvolver nas *startups* um *mindset* corporativo inovador, auxiliando-as a escalarem seus resultados com mais solidez e consistência. Em corporações, ele realiza um trabalho inverso, ajudando times corporativos a se tornarem mais ágeis, desenvolvendo uma mentalidade *startup* focada em resultados. André também é mentor de *startups* nas principais aceleradoras do país, palestrante de tecnologia e inovação e já participou de programas de inovação no Brasil e no Vale do Silício.

André Vinicius Lopes

<https://www.linkedin.com/in/andre-vinicius-lopes-5a0690/>

@andre.vinicius.lopes

Fundador da @avlaltaperformance. Executivo de TI por mais de dez anos de multinacionais como IBM, BRQ e NTT. Gestor de Receita anual superior a US$ 25 milhões e de mais de 900 profissionais. Conselheiro Empresarial (*Board Member*). Mestre em Gestão pela FGV e pós-graduado em Informática pela UERJ. Pesquisador e Professor Universitário da PUC, liderando projetos de pesquisa com Vaticano, IBM e ONU. Carioca, pai do Fernando e da Mariana, casado com Claudia. Residente de Houston, Texas, nos EUA. *Business Coach* especialista em Alta Performance de Líderes Empreendedores. Membro da Sociedade Brasileira de Coaching desde 2012. Equipe Tony Robbins nos EUA desde 2016.

Antonio Muniz

<https://www.linkedin.com/in/antoniomunizoficial/>

CEO e Fundador da Advisor 10X | Curador e Moderador de Eventos | Palestrante e Coordenador de MBAs | Fundador da Jornada Colaborativa | Autor e Curador de 30 livros sobre tecnologia, agilidade, DevOps, SRE, liderança, inovação | Advisor e Board Member | Mentor Carreira 10X. Colaborou com mais de 30 mil pessoas e mais de 100 times em consultorias, mentorias, cursos de MBA, bootcamps, videoaulas, workshops e palestras em empresas líderes de mercado, como SulAmérica, Petrobras, Vivo, Itaú, Oi, Furnas, Eletrobras, Energisa, Via Varejo, DHL, Accenture, Icatu, Banco do Brasil, Banco Safra, Banco PAN, Citibank, Ernst & Young, Finep, Sebrae, UOL, Pagseguro, Makro, Totvs, Jucesp, Ambev Tech, Dafiti, Meta, Banco Carrefour, Prudential etc. Como fundador e *headhunter* da Jornada Colaborativa, formou novas lideranças, com R$ 553 mil doados para instituições com o lançamento de 41 livros e eventos com empresas amigas. Sua formação tem uma base multidisciplinar em negócios, tecnologia e liderança, com mestrado em administração no Ibmec, MBA em telecomunicações na FGV, graduação em tecnologia na Unigranrio e certificações em agilidade, Lean tecnologia, projetos, processos e serviços.

Arthur De Santis

<https://www.linkedin.com/in/arthurdesantis/>

Executivo com mais de 20 anos de atuação na indústria de serviços financeiros, atuando por empresas como IBM, Accenture, Santander e BNP Paribas Cardif. Formou e liderou equipes ao longo de toda a cadeia de valor de Tecnologia da Informação, explorando temas como arquitetura corporativa, engenharia de soluções, infraestrutura e operações, cibersegurança, estratégia e governança de TI. Participante frequente de palestras e painéis com alta interação junto a uma audiência seletiva na plataforma LinkedIn, onde compartilha regularmente artigos e opiniões relativas a diversos tópicos como estratégia, transformação & operação digital, tecnologia & inovação, tendências do mercado, além de *insights* sobre pessoas, liderança e carreira. Fundador do portal CIO Codex, contribuindo com a criação de um *framework* completo e a publicação de inúmeros artigos no universo da tecnologia. Graduado em Processamento de Dados pela UNESP, MBA Executivo pelo Insper, com extensões em AI pela Singularity University e FIAP, certificado em PMP, SAFe®, COBIT®, ITIL® e SRE, além de possuir formação em Conselheiro para Tecnologia pela Gonew.co.

Betsy Ferreira

<https://www.linkedin.com/in/betsy-rabello-ferreira/>

Executiva de Tecnologia, tendo ocupado cargos de gestão em TI desde 2001. Formada em Matemática/Informática pela Uerj, com pós-graduação na Uni-Rio e MBA em Gestão Empresarial pela FGV, atuou por 29 anos numa das maiores distribuidoras de combustíveis do país, onde desenvolveu expertise em diversos negócios, incluindo o varejo de conveniência. Apaixonada pelo poder transformador da educação, atualmente ocupa o cargo de Gerente Executiva de TI no SENAC-RJ, com a missão de apoiar a transformação digital da instituição por meio do uso inteligente e sustentável da tecnologia. Desde 2020, tem se dedicado ao propósito de ampliar a participação feminina no mercado de TI, atuando como voluntária em projetos de capacitação de mulheres na Associação MCIO Brasil.

Dalton Rocha

<https://www.linkedin.com/in/dalton-rocha>

Bacharel em Administração de Empresas, com extensão em Comércio Internacional e MBA em Gestão de Empresas; experiente em consultoria de negócios e de tecnologia, onde atuou em grandes projetos e programas de melhorias estratégicas e operacionais para empresas dos setores de óleo & gás, varejo, energia, telecomunicações, financeiro e público. Atuando no *C-Level*, adquiriu experiência com desenvolvimento de negócios, planejamento estratégico, operação, governança, gestão de contratos, implementação de políticas corporativas e processos internos. Sólidos conhecimentos de programas e projetos complexos de TI. Conhecedor de sistemas de informação, desenvolvimento de sistemas, definição de arquitetura de tecnologia, modelagem de dados, otimização de processos e treinamento. Habilidades de *team building*. Perfil empreendedor com forte capacidade de liderança. Habilidades interpessoais em relacionamento. Membro do Instituto Brasileiro de Governança Corporativa (IBGC).

Danilo Marçal

<https://www.linkedin.com/in/danilopmarcal/>

Gerente de TI da Cooperativa Agroindustrial Coplanaos. Executivo de TI com 18 anos de experiência em Tecnologia no Agronegócio e finalista como Executivo de TI 2023 representando o Agro pelo IT Fórum. Foco em desenvolvimento de pessoas e resultados, atuando com estratégia e práticas de gestão por diretrizes. Projetos de infraestrutura, conectividade, I4.0, hiperconvergência, virtualizações, *hosting, cloud,* automações, IA, ERP SAP, RFID, *telecom* e segurança da informação. Formado em Gestão de Tecnologia da Informação pela Estácio de Sá, MBA em Gerenciamento de Projetos pela FGV e cursando MBA em Liderança, Gestão e Estratégia pela Agroadvance. Gosta de tiro esportivo, viajar de moto, animes, *games* e estar com a família.

Eduardo Gorges

<https://www.linkedin.com/in/egorges>

CIO da GSH Corp, gestor de projetos de transformação digital e uso de tecnologia para potencializar o *business*, com atuação em diversos projetos de sucesso no Grupo GSH, Azul Seguros, Intechpro, PwC, Supergasbras, Muxi (Dock), Parmalat, DBA Engenharia de Sistemas, IBM, Petrobras, Eletrobras, Avaya e Constroi; gosta de jogos digitais e *board games*.

Fabio Alves do Nascimento

<https://www.linkedin.com/in/fabioalvesdonascimento/>

Com mais de 20 anos de carreira executiva em tecnologia, atuou em grandes projetos internacionais para empresas líderes, como Banco Real, Avaya, Vivo e Grupo Santander. Na act digital, revitalizou as ofertas de *cloud computing*, impulsionando a transformação digital e estabelecendo alianças com AWS, Azure e GCP. Líder em *Cloud Enablement* na Accenture e PMO de Infraestrutura na Johnson & Johnson, destacou-se em projetos inovadores e de transformação digital, com forte base em gestão de projetos, *cybersecurity* e metodologias ágeis.

Fábio Margarito

<https://www.linkedin.com/in/fabiomargarito>

Atua na área de tecnologia há mais de 24 anos, acumulando uma vasta experiência em posições técnicas e executivas em seguradora e grandes bancos. Além de sua trajetória consolidada no setor corporativo, Fábio também se dedica à educação, lecionando em cursos livres, graduação e programa de MBA. Sua atuação como docente complementa sua expertise técnica, contribuindo para a formação de novos profissionais e para o desenvolvimento de competências no mercado de tecnologia.

Gustavo Bunger

<https://www.linkedin.com/in/gbunger>

Apresentando mais de 23 anos de carreira em TIC, atuou como gestor de Arquitetura Corporativa, Soluções e Dados nas indústrias de telecomunicações, varejo, logística, *gambling* e financeira. Pós-graduado pela COPPE-UFRJ em Novas Tecnologias da Informação, também é professor e fundador da Arquimática Treinamento e Consultoria. Organizador e coautor do livro *Jornada Ágil de Arquitetura*, lançado pela Brasport em 2023. Membro da Sociedade Brasileira de Gestão do Conhecimento (SBGC).

Ivone Ivassaki

<https://www.linkedin.com/in/ivoneivassaki/>

Sólida carreira construída em empresas multinacionais de grande porte dos segmentos de serviços *cloud*, bancários, seguradoras e apps, tais como Microsoft, IBM, Capgemini, Avanade e Kyndryl. Atua há mais de 20 anos na área de consultoria de TI. É *founder* de uma consultoria de CX, onde ajuda empresas na estruturação de áreas de pré-vendas, vendas e marketing. Mentora de carreira de diversos executivos e engenheiros no mercado. Formada em Tecnologia de Processamento de Dados pela Unesp, com pós em Engenharia de Software pela UFSCAR, MBA na FGV e mestrado em comunicação pela Universidade de Marília.

João Carlos Freitas

<https://www.linkedin.com/in/joao-freitas-3b883413/>

Possui Mestrado em Tecnologia pelo CEFET-RJ (2016) e Graduação em Engenharia Eletrônica pela Universidade Federal do Rio de Janeiro (2001). Atualmente é Consultor de TI, mas a maior experiência profissional foi como Superintendente de Arquitetura de Negócios e Tecnologia da Informação na FGV-RJ, onde trabalhou por 22 anos. Possui larga experiência na área de computação, com ênfase em desenvolvimento de sistemas, gestão de projetos, gestão de equipes, gestão de sistemas de *e-learning*, acadêmicos e portais de internet.

José Bittencourt Filho

<https://www.linkedin.com/in/jbittencourt/>

Customer Service Manager South America na Volvo Group e Membro do *Strategic Advisory Board* (SAB), conselho estratégico do HDI no Brasil formado pelos gestores das principais operações de suporte a negócios e tecnologia do Brasil. Bittencourt atua em projetos de *customer centricity* com equipes ágeis, *design thinking* e adoção de inovação com transformação digital prática aplicada aos negócios. Mais de 25 anos de experiência no mercado de *services*, tecnologia e consultoria dentro de gestão estratégica em diversos segmentos. Professor e palestrante em diversos fóruns e instituições. Coautor e curador do livro *Jornada ESM*. Tecnólogo em processamento de dados, graduado em Gestão de Tecnologia da Informação e MBA em empreendedorismo tecnológico, além de possuir formações em cursos e certificações do mercado de TI e serviços.

Júnior Rodrigues

<https://www.linkedin.com/in/rodriguesjunior/>

Um eterno aprendiz. Atualmente atua nas seguintes frentes: Diretor de Agilidade e Operações na iLAB Quality; Fundador e CEO da Gespro Consulting; Professor no Mestrado em Teologia no STEBAN/RJ; Professor em MBAs: XP Educação, PUC-MG, UNISUAM, UNI7, Impacta e no BBI of Chicago, onde também é Coordenador de MBAs; Professor em cursos na Firjan e ESR/RNP; mentor do PMI-Rio e de *startups*, facilitador e palestrante. Autor do livro *75 lições de liderança de Jesus*, líder e autor na Jornada Colaborativa, tendo publicado 11 livros até o momento. Possui mais de 18 anos de experiência só entre consultorias, gestão, transformação ágil e digital em projetos nacionais e internacionais, em áreas diversas. Mestre em Administração pelo IAG/PUC-RJ e certificado PMP, DAC, ASM, PMO-CP, PACC, MGMT30, PALC, VeriSM, CLF, CI-ASP, SFC, DEPC e ITIL V3.

Leandro Matsumota

<https://www.linkedin.com/in/matsumota/>

Senior Advisory na Amazon Web Services (AWS). Possui 21 anos de experiência na área de TI, com liderança de equipes e projetos em transformação digital, *cloud*, GenAI, *FinOps* e modelo operacional. Atuação como *cofounder* em duas *startups* no passado e atual membro para investimento de negócios. Bacharel em Ciência da Computação, MBA em Gestão de TI, MBA em Gestão Empresarial e projetos, Mestre em Engenharia de Produção. Pós MBA em *Business Dynamics* e Negócios. Programa de GenAI para *Digital Transformation* no MIT. Apaixonado por viagens, cultura, esportes, família e São Paulo Futebol Clube. Gosta de ler e ver séries. Amor incondicional por Deus.

Marisa Albuquerque

<https://www.linkedin.com/in/marisa-costa-albuquerque/>

Profissional com mais de 25 anos de experiência na área de Tecnologia da Informação. Ao longo de sua carreira, Marisa se destacou na definição e execução de estratégias e arquiteturas de tecnologia, acelerando processos de transformação digital e liderando programas de inovação. Sua eterna curiosidade e vontade de estar sempre se desenvolvendo a levou a iniciar sua profissão em empresas de consultoria para, posteriormente, seguir na carreira de CIO. Com uma sólida experiência em gestão de pessoas, Marisa liderou equipes multifuncionais com mais de 500 colaboradores. Seu foco sempre foi entregar aos clientes o melhor produto, serviço e experiência, além de melhorar constantemente o desempenho dos negócios por meio da tecnologia. Atualmente é a *Head* responsável pela área de *Experiences* da Avanade, uma *joint venture* entre as empresas Accenture e Microsoft, com a missão de aproximar e criar conexões humanizadas em soluções tecnológicas. Sua carreira sempre foi pautada pela preocupação com o desenvolvimento e crescimento das pessoas de suas equipes. Hoje em dia, dedica parte do seu tempo a realizar mentorias e apoiar mulheres no desenvolvimento de suas carreiras na área de TI.

Paulo Cesar Imelk

<https://www.linkedin.com/in/paulocesarimelk/>

CEO & *Cofounder* da Insurtech On, consultoria de estratégia e soluções, especializada em inovação e transformação digital, com conexão e expertise tanto no setor de seguros/financeiro quanto no mundo da inovação digital. Após mais de 23 anos de experiência em tecnologia e inovação, com mais de 15 deles em seguradoras, dois MBAs e ter passado uma temporada no Vale do Silício, iniciou sua jornada empreendedora nos Estados Unidos com o objetivo de apoiar o ecossistema de seguros e finanças a ter sinergia entre soluções e evoluções tecnológicas entre os dois países, incluindo a América Latina. Sempre focado em como pode ajudar da melhor forma as companhias a definir sua estratégia, evoluir seu produto e sua performance operacional, mantendo o foco nas pessoas.

Raphael da Costa

<https://www.linkedin.com/in/raphael-marques-da-costa/>

Profissional com mais de 15 anos de experiência, tendo trabalhado com práticas de gestão de projetos em ONGs, governos e multinacionais. Possui experiência internacional em projetos de infraestrutura e de tecnologia, tendo atuado com práticas ágeis na Holanda, Bélgica e Itália. Foi membro de fundação do Engenheiros Sem Fronteiras-Brasil e Conselheiro da Prefeitura de Viçosa. É membro do CEE-0093 da ABNT de Gestão de Projetos, Programas e Portfólio, atua como Mentor no PMI-SP e é Sócio de Serviços da Verum Partners. Também é treinador de práticas ágeis como *Scrum*, OKR, *DevOps* e *Design Sprint*, além de *Lean Six Sigma*. É membro de fundação da comunidade de práticas em gestão 3.0 e professor na área de gerenciamento de projetos, projetos ágeis e inovação na construção. Mestrando em Gerenciamento de Projetos da Construção pelo Politécnico de Milão, é especialista em gerenciamento de projetos com MBA pela FGV. Engenheiro Civil com dupla diplomação pela Universidade Federal de Viçosa e pela NHL Steden da Holanda. Autor do Modelo de Maturidade Departamental e autor do livro *Driven by Value – VMO*. Premiado como um dos 100+ inovadores no uso de TI em 2020 pelo IT Fórum pelo trabalho de transformação ágil liderando o VMO de inovação e premiado pelo consulado holandês por inovação em mobilidade urbana.

Taiolor Morais

<https://www.linkedin.com/in/taiolor/>

@taiolor

@taiolor.morais

Diretor de Operações e Tecnologia da Youse Seguros. Tecnólogo em Processamento de Dados pela UnG-SP. MBA em Engenharia de Software pelo IBTA-SP com Especialização em Integração de Serviços. *MIT Professional Program Education and Expertise Digital Transforma-*

tion, EUA. Mais de 25 anos de experiência dedicados à tecnologia, nas áreas de propriedade intelectual, varejo farmacêutico, *e-commerce* e instituições financeiras, atuando como desenvolvedor, engenheiro, arquiteto e líder de times. Nos últimos 10 anos lidera times de alta performance com foco em gestão estratégica executiva, aplicações de missão crítica, melhorias de processos, arquitetura, design de soluções e processos, além de atuar como *coach* de carreiras. Palestrante, entusiasta de inovação e diversas tecnologias, escritor de artigos e coautor dos livros *Jornada API na prática, Jornada Cloud Native e Jornada SRE no Brasil*.

Wander Bringhenti

<https://www.linkedin.com/in/wcollyer/>

Empresário, Fundador da Best2bee e Cofundador da Surgical Mapp. CIO com muitos anos de experiência em grandes projetos de transformação digital, *merges* e aquisições e reorganização de tecnologia de grandes empresas brasileiras e internacionais. Consultor global e professor acreditado em *Enterprise Architecture*, tendo trabalhado baseado na Europa por muitos anos e atuado em mais de 40 países com arquitetura corporativa e planejamento estratégico em organizações que estão entre as 500 maiores fortunas globais. Executivo especialista em planejamento estratégico com larga experiência em planejamentos de negócio, arquitetura de aplicação, dados e tecnologia.

Wilson Cristoni Neto

<https://www.linkedin.com/in/wcristoni>

Superintendente e Sócio Local de Tecnologia do Itaú Unibanco. Professor de pós-graduação do Ibmec. Bacharel em Ciências da Computação, pela Universidade São Judas Tadeu. Especialização em Desenvolvimento de Sistemas para Web, pela Ufscar. MBA Executivo em Gestão de Projetos, pela FGV. Mestrando em Engenharia Eletrônica com ênfase em computação, pelo ITA. Mais de 25 anos de experiência, sendo os últimos 22 no segmento financeiro, atuando como desenvolvedor, engenheiro, arquiteto e líder de equipes. Há 13 anos liderando times de alto desempenho e gerindo produtos de missão crítica, para suportar a transformação digital. Já liderou: times de desenvolvimento, suporte e gestão de tecnologia; migração de sistemas para *provider* de *cloud* pública; times de plataforma de integração (Kafka, API Gateways etc.); grandes times de desenvolvimento (mais de 500 desenvolvedores entre colaboradores e consultores); programa de modernização de aplicações; times de plataforma de autenticação (OTP, solução de biometria e CIAM); palestrante e entusiasta de tecnologia.

Sobre a Brasport

Há 29 anos, a Brasport é referência em publicações de tecnologia, gestão e carreira.

Nosso catálogo, disponível em **www.editorabrasport.com.br**, é composto por obras que você encontra tanto em livrarias físicas, como na Amazon e em eventos especializados.

Além disso, nossas publicações estão acessíveis em uma plataforma digital que alcança 4 milhões de assinantes, distribuídos em 900 universidades e empresas.

Quer se unir a essa trajetória de sucesso? Entre em contato conosco pelo e-mail: **administrativo@brasport.com.br**